名家题词

可为师乎

李子鸣老师生前为弟子张全亮题词

为八方力三合功写
超其象外
得其环中

王培生题

王培生老师生前为弟子张全亮书稿题词

缘

沈岳武道长生前为弟子张全亮题字

恭贺：张老师新作出版

功在当代
利在千秋

张山 二〇一三年七月

中国武术协会原副主席张山先生题词

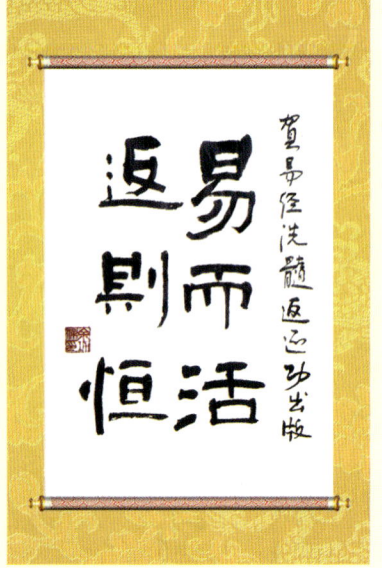

著名太极文化学者、世界太极拳网主编余功保题词

大夫道人王成亚题词

李子鸣老师之女、梁式八卦掌掌门人李秀仁题词

附

张山简介

中国武术九段。中国武术协会原副主席、国家体育总局武术运动管理中心副主任、国家体育总局武术研究院副院长、国际武联技委会首任主任。现任国家体育总局武术研究院专家委员主任、武术国际裁判员。

王成亚简介

号大夫道人。少尚中医，早年就读于上海中医学院、江西中医学院，长入道门，先后就读于上海道教学院，中国道教学院。三十余年游世于医道、道医之间。

现任：

北京中医药大学国学院儒释道医药研究所常务副所长

中国道家养生协会会长

中国保健协会市场工作委员会会长

世界中医药学会联合会中医药文化专业委员会副会长

北京市道教协会副会长

中医导引养生法（国家非遗）传承人

主编《道医全书》，参与编著了《中华道教大辞典》《中国宫观文化》《药王寿养集》《医道寿养精编》《道藏养生》等学术著作，正在撰写的生活道养生著作有《生活道》《艾灸治未病》《艾灸治已病》等。

李子鸣老师照片

李子鸣老师（1902—1993）

张全亮夫妇与李子鸣老师合影

张全亮夫妇与李子鸣老师和师娘缑起华女士等合影

1985年11月16日下午李子鸣（前排中）老师在张全亮工作单位讲课后与部分再传弟子合影留念

1985年11月李子鸣老师到弟子张全亮的农村老家指导门人练功（演练者为张全亮之子张卫公）

李子鸣老师演练"托天掌"

李子鸣老师演示八卦掌独门器械——八卦风火轮

王培生老师照片

王培生老师（1919—2004）

王培生老师演示剑术

王培生老师指导弟子张全亮推手

王培生老师在张全亮收徒仪式上讲话

2000年1月29日王培生老师在张全亮收徒仪式上与昌平区部分再传弟子合影留念

王培生老师演练吴氏太极拳（一） 　　王培生老师演练吴氏太极拳（二）

道家龙门派武医奇人
悟真子沈岳武道长
（1922—2018）

沈岳武道长照片

1994年沈岳武道长在中国首届道家文化研讨会期间为弟子张全亮抄写内功秘诀

2009年12月20—22日沈岳武道长在北京开会期间向弟子张全亮传授推手技艺

2009年87岁高龄的沈岳武道长表演道家返还功

2009年87岁高龄的沈岳武道长表演独特的返还功绝技

2009年87岁高龄的沈岳武道长表演独特的桩功绝技

2009年87岁高龄的沈岳武道长表演独特的"静吸功"

2009年87岁高龄的沈岳武道长表演内功绝技——意到、气到、力到，四肢如铁焊钢铸，数人合力无法撼动

沈岳武道长在为弟子张全亮和马永兰（右一）等讲解道家《返还功》秘籍

易筋洗髓返还功

张全亮　马永兰　著

人民体育出版社

图书在版编目（CIP）数据

易筋洗髓返还功 / 张全亮, 马永兰著. -- 北京：人民体育出版社, 2025. -- ISBN 978-7-5009-6525-1

Ⅰ. G852.6

中国国家版本馆CIP数据核字第2025Z1M471号

*

人民体育出版社出版发行
北京中科印刷有限公司印刷
新 华 书 店 经 销

*

710×1000　16开本　14印张　261千字
2025年3月第1版　2025年3月第1次印刷
印数：1—3,000册

*

ISBN 978-7-5009-6525-1
定价：70.00元

社址：北京市东城区体育馆路8号（天坛公园东门）
电话：67151482（发行部）　　邮编：100061
传真：67151483　　　　　　　邮购：67118491
网址：www.psphpress.com

（购买本社图书，如遇有缺损页可与邮购部联系）

功法创编和演示：张全亮　　马永兰

视频解说和后期制作：王少冲

录像：唐竹

技术指导：陈凉

功法动作拍照：蓝也

作者小传

张全亮 男，1941年生，北京大兴人，回族，中共党员，高级政工师。自幼习武，先后练过多种拳术，是八卦掌、北派吴式太极拳第四代传人，道家龙门派第十九代传人；著述丰富，弟子众多，现为著名武术家，梁式八卦掌、吴式太极拳名家，中国武术八段。

曾任北京大兴建筑工程总公司党委书记，大兴区人大常委会委员，大兴区武术气功协会主席，北京市武术运动协会委员，北京市吴式太极拳研究会常务副会长，北京市八卦掌研究会常委、顾问委员会副主任，北京大兴鸣生亮武学研究会会长；在农村工作时因业绩突出，曾先后受到周恩来总理和毛泽东主席的接见。

现任北京市大兴区武术协会名誉主席，北京大兴鸣生亮武学研究会名誉会长，北京体育大学武术学院特邀研究员。国家级非物质文化遗产和世界级人类非物质文化遗产代表作名录吴式太极拳保护单位的负责人、传承人，《武当》杂志顾问，武当山武当拳法研究会顾问，中国功夫文化委员会特邀专家，日本八卦掌研究会顾问，美国全球养生长寿协会特邀专家，欧洲太极文化传播中心终身名誉主席。

20世纪70年代初，他先后拜师八卦掌名家李子鸣先生、吴式太极拳名家王培生先生系统学练梁式八卦掌和吴式太极拳，后又拜师道家龙门派武医奇人沈岳武道长学练道家"返还功"和呼吸大法。他尊师重道，天资聪颖，勤学苦练，深得三位恩师器重而倾囊相授。他在系统全面继承三位恩师技艺和文化理论的基础上，形成了以梁式八卦掌、吴式太极拳、道家养生功法为主的系统修炼和教学体系——鸣生拳法。

2005年，他创建了北京大兴鸣生亮武学研究会，系统研究和大力弘扬李子鸣、王培生、沈岳武三位先生的拳术技艺、武术文化、道家功法。经常参加国内外武术名家理论交流和武术表演并获奖。他先后出版了十余种八卦掌、太极拳、养生功法的专著，发行八卦掌、太极拳教学光盘20余碟，发表相关论文和文章300余篇。曾相继担任深圳卫视中国"功夫之星"全球电视大赛专家评委，中央电视台体育频道栏目"武林大会"专家评委、总裁判长，"武林大会"八卦掌擂台赛训练营总筹划、总教练，"武林盛典"训练营主教练，WMA首届中国武术职业联赛全国六大俱乐部总教练、职业联赛副总裁判长，职业联赛技击培训教材（太极拳）执笔编委，香港李老能形意拳研究会名誉主席等。

他的武术成就曾被中央电视台等数十家国内外新闻媒体进行各种形式的宣传报道；他曾连续多年被评为全国体育先进个人、北京市体育先进个人和北京市及全国全民健身好家庭；他曾先后获得全国十大太极拳名家、中国太极拳最具影响力人物、北京市太极达人、北京市孝星、北京市最美太极老人等荣誉称号；曾获得中国太极文化突出贡献奖。他领导的北京大兴鸣生亮武学研究会曾被评为中国最具影响力太极拳传播机构，他编著的《传统吴式太极拳入门诀要》曾被评为中国最具影响力的太极拳著作；2018年被联合国世界非物质文化遗产保护基金会、中国国际文化交流中心、山水丹青（北京）国际艺术中心等十二家国际组织联合审查通过，入选"魅力中国闪耀世界——世界邮票上的中国武术名家"，参加了2019年6月14—22日中国艺术家代表团赴欧洲文化交流活动，并先后荣获2018年度"发展潜力非遗传承人"和2020—2021年"中国文化国际传播年度人物"。

他创编了"太极按摩术""八卦太极拳""吴式简化太极拳10式、18式、28式""新编太极十三刀""新编八卦滚手刀""八卦风火轮""八卦游龙掌

1、2、3路"等十余种拳、械套路，并通过多年的继承、挖掘、整理、实验总结、充实创新，编写了百余种行之有效的"治病健身小功法"，公开传授，造福于民，受到广大群众的一致好评。

张全亮先生传承和申报的吴式太极拳，于2009年、2014年先后被评为市级和国家级非物质文化遗产代表性项目，2020年12月17日，被联合国教科文组织正式列入《人类非物质文化遗产代表作名录》。应邀率队赴河南陈家沟参加了隆重的庆典仪式，并代表吴式太极拳向文旅部做了传承发展的汇报，和七大流派代表性传承人一起参加了庆典大会的启动仪式，进行了吴式太极拳表演。

张全亮先生在国内外有入门弟子400余人，他创办的北京大兴鸣生亮武学研究会在国内外有下属传习组织32个，鸣生拳法辅导站100余个。北京地区学练鸣生拳法的人群已由原来的几十人发展到万余人，在国内外已发展到十万余人；从2018年开始，他每周在互联网上授课两次，内容是鸣生拳法（八卦掌、太极拳各一次）。多年来，坚持每年在北京和湖北开办两次全国性的鸣生拳法培训班，并经常率弟子深入基层，深入各地传经送宝。他虽然年逾八旬，但仍精神矍铄，不忘初心，不负众望，不辞辛苦，不计名利，毫无保留地传承和弘扬中华武术和传统文化，为人类的健康作出积极奉献。

马永兰 女，1941年生，北京大兴人，回族，中共党员，北京市优秀社会体育指导员，中国武术六段，北京大兴鸣生亮武学研究会名誉会长。

早年在农村担任棉花专业队队长、记工员、出纳员、妇联主任和大队党支部委员。1970年开始学练太极拳，1985年拜著名武术家、吴式太极拳名家王培生先生为师，系统学练吴式太极拳，曾同时与爱人张全亮先生一起追随李子鸣老师、沈岳武道长学练梁式八卦掌和养生功法。1999年4月，在北京市吴式太极拳、械表演观摩交流比赛中获得特别优秀奖；2001年5月，在北京市大兴区全民健身体育节武术比赛中获得女子成年组太极拳第一名；2001年6月，参加北京市神龙杯太极拳剑推手比赛，获得太极拳老年组第一名；2001年12月，在北京市大兴区太极拳交流观摩大会上获得32式太极剑优胜奖； 2012—

2021年，连续担任《武当》杂志社举办的"武当内家拳名家讲坛"和《中华武术》杂志社举办的"中华武术大学堂名家讲堂"的助理讲师，由于工作热情认真，教学方法耐心细致，受到全体学员和主办方的一致好评。

为人低调，任劳任怨，多年来一直以满腔的热情与爱人张全亮先生一起著书立说，从事吴式太极拳和梁式八卦掌的义务教学工作，协助张全亮先生在全国各地开办吴式太极拳和梁式八卦掌等培训班，应邀参加国内外太极拳、械表演交流和理论研讨活动，为传统武术的传承发展和人民的健康事业作出了无私的奉献；特别是在吴式太极拳申报市级、国家级、世界级非物质文化遗产的过程中，在教练、传授健身功法和中国传统文化知识的组织运行过程中，她经常和张全亮老师一起，不顾年迈，废寝忘食、不辞辛苦、不计名利地工作，取得了一个个骄人的成果，在广大弟子门人中和社会上树立了很好的口碑。

她不仅热爱吴式太极拳、梁式八卦掌和传统武术文化，还特别喜欢中国书画，擅长工笔画猫和写意花鸟等，曾获2002年度"北京市大兴区老有所学成绩突出先进会员"称号，其作品被收入"大兴区书画集"和当代中国出版社出版的《20世纪国际文化大系》，并获得"全国精品奖"和"创作成就奖"，著名书画家、《中国画苑》杂志主编、中国国家画院《国家美术》杂志"焦点论坛"栏目学术主持傅京生先生对她的获奖作品做了如下点评："画面笔墨有爽朗的美感，充满蓬勃朝气，风格豪放而充满韵律，且形神兼备、讲究法度、笔墨互为映带，处处周到，极得中国画大写意画法之精髓，故视觉形式美感极强，笔墨肌里华滋而灿烂，十分耐看。" 2022年8月出版了个人书画选集《润物无声——永兰书画选》。

序 一

中国功夫，内涵丰富，包罗万象，各有优秀独特之处。然而，自唐宋以降，大多以少林、武当最有代表性。不过，由于旧社会思想保守，真传从来都是秘而不宣，所见者少。如今，国家昌明，人民安乐，传统功夫在公开传承的同时，也发挥了宣扬传统体育精神、增强人民体质、延缓生命衰老的作用。

易筋洗髓的功夫，相传出自少林寺达摩祖师。据古人传授，内经部分主柔，少林有戒，非入室门人不得传授；其外经部分则主刚，今世所传多为外经。所谓"易筋"的原理，在于意气相合，变化体质，这对于强健筋骨、增加气力有非常好的功效，所以，历史上这门功夫代代相传，历久弥新。

至于易筋洗髓的内经部分，有人以其为柔炼之术，竟谓八段锦便是，此诚大谬之说。"易筋"之功主外，以炼体为主；"洗髓"之功主内，以炼心为主。所以古人主张用易筋强体祛病，而用洗髓防情去欲。内外之别，义实在此。

是故，易筋为武功之真助，洗髓为禅法之准备。内外兼修，自古而然。

但是，一切事物皆与时俱进，功法亦然。易筋洗髓的功法技术越演越精、越传越密。古传少林易筋洗髓，只以静心、导意、抻筋、拔力、数息、凝神为要，而未涉于经络、穴位，以及周身大窍的打通和炼功情景的观想。诚见古之学也，朴如是尔。近今之学，则源于古出于新：易筋洗髓每与医理相结合、与道法相融通，循经络穴位、导气过关、见景生情、意存观想，而练者不仅有古法之真功良效，更有新法意境之宛然美妙。

作者张全亮老师，自幼习武，至今七十载有余。他和夫人马永兰老师共同完成的最新著作《易筋洗髓返还功》，正是既能够守传统少林古法，又能出医理、道术，且融太极、八卦之精妙新意的好书。其功法保持了古法的精髓，融通其师王培生的神意内气功及道家龙门派师父沈岳武道长的秘授返还功呼吸大法。

这种古近积淀的几层传承，及至张全亮老师已经锤炼了几十年，功夫炉火纯青，以飨后人。因此他也就有了非常珍贵的心得，而此番写作出版，意将多年心血汇聚成册，该书的写作宗旨，一是传承师授，二是弘扬文化，三是保健抗衰。这三方面，尤其是用于保健抗衰为最重要的愿望，也即古德的发心"益寿延年不老春"。秉持仁人之心，立志造福世人。

对中华传统文化的研究、传承，正需要中华儿女们尽可能都像张全亮、马永兰老师这样，热爱、精研、著书、传授，身行言教，著书立说，发扬光大。此诚传承和弘扬中华传统优秀文化，增强文化自信心，努力为中华民族的伟大复兴贡献力量！

张全亮、马永兰两位老师的新书，是一本具传承统序、有真才实学的养生功法著作。张老师通过好友单颖老师嘱我写序，晚学何能，岂敢弄笔。但是，出于对张老师的敬重，也出于对传统文化的敬重，不揣浅陋，愿缀片语，来表祝贺，并与同道君子共勉。

钟　东
2022年2月18日
于中山大学中国古文献研究所

钟东，毕业于江西大学，后于中山大学攻读硕士和博士学位，现任中山大学教授及中国古文献研究所研究员。

序 二

今阅《易筋洗髓返还功》书稿，深感作者学识渊博，心胸宽阔，忠于传统，勇于开拓。此书是著名武术家，梁式八卦掌、吴式太极拳名家张全亮先生和夫人马永兰女士，在数十年苦练精研中国传统武术的基础上，合理吸收多家拳术和内功精华，经过长期孕育构想，反复实践体悟和推敲修改，整理创编而成。

张全亮先生和马永兰女士是家父王培生门下入室弟子、得意高徒。他们尊师重道，天资聪颖，勤学苦练，深得家父喜爱。张全亮先生还曾先后师从八卦掌名家李子鸣先生系统学练梁式八卦掌，道家龙门派武医奇人沈岳武道长学练道家"返还功"和呼吸大法。2005年，他创建了北京大兴鸣生亮武学研究会，系统研究、大力弘扬李子鸣、王培生、沈岳武三位先生的拳术技艺、武术文化、道家功法。经常参加国内外武术名家理论交流和武术表演并获奖，为中华武术事业的传承发展立下了不朽的功绩，特别是在吴式太极拳的弘扬发展上，业绩尤为突出。他们率领广大弟子、门人，通过多年不懈的努力和付出，把吴式太极拳从区级、市级、国家级一步一步推上世界级人类非物质文化遗产保护平台，为中华民族和中国太极拳争得了荣誉，为吴式太极拳在人类非物质文化遗产的百花园中争得了一块沃土，为吴式太极拳走向世界创造了更加有利的条件。

《易筋洗髓返还功》是内外兼修、延缓衰老的好功法，易筋即强健筋骨。常言道，"筋长一寸，寿长十年"。记得童年时，父亲教我们抻筋拔骨十三式，严格规范，朝夕不停地演练，为之后学练内家拳法打下了坚实基础。一次在讲骨伤治疗时，父亲说："疼是血，麻是皮，木是骨，酸是筋。治骨先治筋、筋骨并重。骨之外的肌肉、肌腱、韧带、筋膜等，都在筋的范畴之内遍布人体全身各个部位，它的功效是行气活血。沟通上下内外，连属关节运动；骨是人体的支架，它不仅支撑了人体的形体，同时也保护着脏腑。"所以我们在习练太极拳时，要求中正安舒，轻灵圆活，也是为加强骨膜关系，增强造血功能。肾主骨，骨生髓，髓造血，血养筋，养骨先养筋，筋柔骨自正，骨正筋自柔。

易筋洗髓返还功

《易经洗髓返还功》融会贯通了李子鸣先生传授的《易筋经外经》的基本内容，王培生先生传授的"以心行意，按窍运身""六球相佐"之心法秘诀和沈岳武道长传授的"返还功"呼吸大法。三足鼎立，多姿多趣，内涵丰富，外延广阔，具有理想的延缓衰老、启智开悟、强身抗暴的综合功效。实乃古今精功之集成、启智开悟之经典、武术气功之佳作。

世上盲功者甚多，虽有道心，但不知修行之法。我认为认真修炼《易筋洗髓返还功》是理想的选择。

下面赋诗一首，以赞美张全亮先生智慧的武术人生。

先人留下一本经，世代传播武林中。
头顶太极怀八卦，脚踩五行乾坤通。
全亮武学根基稳，儒释道法融其中。
名师嫡传苦研练，不慕虚名献精功。
三功一体全方亮，历载传承自张公。

师弟 王乃祥
2022年7月16日

王乃祥，王培生先生之四子，吴式太极拳名家、中医师。

8岁起随父习练少林拳、弹腿、刀枪棍剑；10岁开始习练太极拳和太极器械、八卦掌、形意拳、太极推手、技击；同时学习武术气功和中医正骨推拿。曾多次受父亲指派或随父亲应邀到国内外多地传授吴式太极拳和气功讲学，得到好评。

1976年以后，经父亲介绍先后师从多位武术名家学练通臂拳、八极拳、格斗技艺、中医针灸等；1992年被河南焦作吴式太极拳协会聘为武学导师，2020年被北京大兴鸣生亮武学研究会聘为名誉会长，2021年被内蒙古丰镇市聘为武术协会顾问。

自　序

据说《易筋经》是达摩祖师所传的少林秘功，分内、外两经。外经主刚，为"易筋经"，以强筋练力为主，少林弟子多有习之，但由于传承有别，良莠不一；内经主柔，为"洗髓功"，以静坐运气为主，不轻易外传。我们所学练的《易筋经外经》亦称"十二大劲功"，系八卦掌名家、我们的恩师李子鸣先生所传授。此功法不知起源于何时。清朝光绪年间，上海同文书局铅印《易筋经外经图说》一书，梁世昌在其序言中说："余气体素弱，中年多病。适于友人处见《易筋经图说》一书，朝夕按图练气，不数月间，果觉身体舒畅，诸病全消。"他还说，"凡行外壮功夫，须于静处面向东立，静虑凝神，通身不必用力，只须使其气贯两手，若一用力，则不能贯两手矣。每行一式，默数49字，接行下式，毋相间断。行第一式，自觉心思、法则俱熟，方行第二式。速者，半月，迟者，一个月，各式俱熟，其力自能贯上头顶。此练力、练气运行易筋脉之法也。务须严谨有恒，戒酒色。日夜行五、六、七次，工无间断，食饭四、五顿。专心练习至百日，能长千斤之力，此指少壮者言也。即软弱无力之人，亦可练至五六百斤力。倘年老精气不足者，肯如法操练，日行二三次，亦能健食延年，除一切疾病，真神妙也。"

实践证明，《易筋经外经》是一套很好的健身养生功法，通过两拳不停地握固和两臂不停地运转，可有效锻炼心肌功能，促进血液循环，疏通经络，活血化瘀，强健脏腑功能，对身体虚弱和慢性病患者都有很好的疗效。

但此功法缺少洗髓的内功部分，重于外壮，偏重上肢运动，也没有预备势、起式和动作名称，每式只有简单的练法提示，即动作说明和凝神、抻筋、拔力、数息等方面的要求，没有医理、易理、禅修或道法之理和各式功效及经络、穴位、气势、情景观想等传统文化内涵的解析与阐释。

现在人们每天工作、学习的时间都很紧张，需要有一套简单易行且内涵丰富，能内外兼修，动作多彩多姿，神意气势自然有趣，融健身防身、启智开悟功能于一体，强身抗衰功效显著，既能整体练习又能分段独立练习的功法。于是我们就萌生了创编《易筋洗髓返还功》的想法。

我幼年习武，曾学练内外两家多种拳术和内功，20世纪70年代初又有幸先后师从梁式八卦掌名家李子鸣先生和吴式太极拳名家王培生先生学练梁式八卦掌和吴式太极拳的拳术器械及内功功法等，后又有幸师从武医奇人悟真子沈岳武道长学练龙门派"返还功"和呼吸大法，在多年修炼实践过程中，有许多新的发现和体悟，积累整理出不少行之有效的健身、防身、启智、开悟的经验、体会（有一些已公开发表），想把这些宝贵的经验和体会综合提炼一下，创编一套使"易筋""洗髓"相融的功法，使其内涵更加丰富，功效更加全面。我把这个想法与夫人马永兰和部分弟子进行了沟通，得到了他们的一致赞同和支持。特别是我的夫人马永兰女士，她也曾和我一起先后师从李子鸣、王培生、沈岳武三位恩师，并且也是王培生老师的入门弟子，数十年如一日和我并肩学习、研究、传承梁式八卦掌、吴式太极拳和道家养生功法，她对我的这个想法表示全力支持，并和我一起进行研究、筹划、创作、推敲、修改。我们从2021年10月初开始着手做这件事。我先反复研究《易筋经外经》和多种"易筋""洗髓"的版本，从中找出可以调整、补充、拓展和提升的空间；同时，对我数十年来师从多位名师所学练的儒、释、道、武、医等内功心法和人体知识，进行了认真回顾、梳理和酝酿，提炼出了可以与《易筋经外经》相融、互补、助壮、增辉的内容；经过6个多月殚精竭虑和废寝忘食的写作和修改，通过一遍遍演练、体悟、提炼和反复征求有关人的意见，成文后我们又经过逐字逐句含英咀华的分析研究、细致入微的雕琢打磨，终于完成了《易筋洗髓返还功》（也叫《易筋洗髓十四式》）的初稿。

《易筋洗髓返还功》有机地吸收了八卦掌名家李子鸣先生传授的《易筋经外经》（亦称"十二大劲功"）的基本姿势和动作特点；以太极拳名家王培生先生传授的"以心行意""按窍运身"和"六球相佐"的心法秘诀为神意内气的启动点和运行路线；以道家龙门派武医奇人悟真子沈岳武道长传授的"返还功"呼吸大法为脏腑气血鼓荡的动力；以我在近70年苦练精研内外两家多种拳术和内功精华的实践中不断提炼形成的"以神领形的运动特点，似水而动的运动规律，效法自然的运动趣味，旋转空无的运动态势"为神意境界总纲和功法灵魂，融会贯通，经过反复实践体悟，数次推敲修改，孕育而生。

此后，我又将此稿分别发给多位在中华传统文化、传统武术和传统养生内功方面有深入研究且造诣颇深的专家、武友和弟子，征求他们的意见，获得了他们的高度称赞，一致认为《易筋洗髓返还功》内外兼修，多姿多趣，内涵丰富，外延广阔，简单易学，具有理想的延缓衰老、强身抗暴、启智开悟等多种综合功效；是集中国传统武术养生内功精华的大成之作，是融健身、防身，启智、开悟、养生、抗衰，传统文化内涵与现代科学知识于一体的，值得承袭发展、大力弘扬的珍奇功法。

广东中山大学古文献研究所研究员钟东先生为《易筋洗髓返还功》一书写的序言；陈、吴两大流派太极拳名家、中国海关出版社原资深编辑、央视武林大会原专家评委单颖先生为《易筋洗髓返还功》一书写的跋文；对中华传统文化、传统武术和传统医学均有深入研究的空军某研究所原政委蓝也先生为《易筋洗髓返还功》一书写的"浅析"文章《济世良方时代心药》——张全亮、马永兰新著《易筋洗髓返还功》养生健身智慧浅析等，从不同的角度给予本书深中肯綮的评价。

李子鸣老师传授的"易筋经外经"共计十二式，其主要动作和特点是自然站立，两拳握固（大拇指在内，其余四指回收握拳）对准某个特定体位，连续做49次一松一紧的握拳动作。通过调整、修润、增补、扩展后的《易筋洗髓返还功》改为十四式，我们努力源古出新，尽量将《易筋洗髓返还功》的每一式都能与医理相合、与道法相融，与三才相通；按照循经导气、想穴除疾、见景生情、多姿异趣的原则，使古法生新，新法开古；以新识古，法古博新。力争使修炼者不仅能获得古法真功之良效，还能体验新法意境之美妙。

下面将我们对本功法调整、修润、增补、扩展的情况分式做如下说明。

一、增加了预备势和起式

为了使其套路更加完美，综合效果更好，我们增加了预备势和起式，作为《易筋洗髓返还功》的第一式和第二式，并有机融入了一些生动有趣的意念和文化内涵。

如第一式，预备势——天人合一 入佳境。将我们长期在恩师王培生先生关于演拳、推手的神意气势要求的熏陶下，经过多年对吴式太极拳预备势的反复研练、体悟形成的，能快速放松入静，并能充分体现"天人合一"的最佳境界和神意气势的心法要诀，有机地融入其中。即：

> 端庄平稳、气度开阔，
> 三融四坠、断镶润笑，
> 如沐春风、神舒气畅，
> 下颚微收、舌尖上抵，

> 眼向前看、耳向后听，
> 着意丹田、背与后融，
> 身觉摇动、渐入佳境。

要求习练者在静立中，默想上述歌诀，并为每句歌诀规定了具体的情境内涵和要求。

如第二式，起式——调坎填离 水上行。我们采用恩师王培生先生吴式太极拳起式的虚实分清，以右手指、掌、根，控制左脚趾、掌、跟依次落地等的规范要求；以过去农民提水灌溉的新颖有趣的运动形式，形象比喻，通俗教范"周天运行"的内功心法；有机地融进了道家"返还功"和太极拳"授秘歌"的部分精华，形成了如下形象有趣的歌诀。即：

> 左脚横移右控左，两足平立横膈松；
> 阴阳悬踏水上行，汇聚丹田神气充；
> 肩肘如辘手如桶，提水摇摇到山顶；
> 水至巅峰慢灌溉，毛发身心沐春风；
> 一气三清透顶门，任其百脉自调匀；
> 全身空透西山磬，虎吼猿鸣河水净。

同时，对每句歌诀中涉及的形象、趣味和文化内涵，都做了具体描述。

二、给每个式都增加了含义深刻、作用明确的名称

原《易筋经外经》每个式都没有名称，为了使每段功法的内容和作用明确新颖，我们在每段功法的前面都精心提炼了一句歌诀。即：

第 一 式	天人合一 入佳境	第 二 式	调坎填离 水上行
第 三 式	灌指旋腕 清肺肠	第 四 式	八方握固 气力增
第 五 式	撑肩长腰 宁心血	第 六 式	扣齿揉邪 击膻中
第 七 式	吞津念诀 安脏腑	第 八 式	遁土观水 壮五行
第 九 式	潜水戏鱼 生童趣	第 十 式	洗髓涤腑 除痼疾
第十一式	抖翎撒毛 惊魂魄	第十二式	呼吸天地 体还童
第十三式	踩云回看 神仙势	第十四式	太极按摩 气归经

通过每一式的名称即可基本明确该段功法的内涵和作用，既通俗又有趣味。

三、增加了两肩臂和腕指阻抗外力的方向和力度

为了综合提高两肩臂和腕指的阻抗功力，增强韧带的弹性和力量，提高腕、臂对来自不同方向的折、拧、押、拉等擒拿控制的应变能力，强力刺激手三阴、三阳的经络穴位，防治与此六经相关的一些疾患。我们把原功法中第一式（朝前单一方向的沉掌翘指49次）和第二式（朝内一个方向上的翘大指49次）合并为一个式子（第三式），增加为4个动作，内外旋腕灌指、沉掌后翘前折、沉掌前翘后折、撑掌外翘内折。8个方向，即外翻内转，后翘前折，前翘后折，外翘内折。减少为每个动作重复做3次。合并后的名称和作用确定为"灌指旋腕 清肺肠"。

沉掌翘指突出了李子鸣老师所传授的梁式八卦掌之精华和特点，附带增加了旋腕、捧气、捻指等动作，既增加了每个掌势的运行难度，又体现出王培生老师按窍运身的练拳宗旨，同时还有机融入了王培生老师传授的清肺利肠和平衡阴阳的两个祛病健身小功法，具有重要健身作用。

四、把原《易筋经外经》的十二个式子合理压缩为一式八动

原《易筋经外经》十二个式子第四式和第八式姿势相近，第四式要求两肘微屈，第八式要求两臂伸直，故合二为一。

合并了第六式和第九式。因为这两式姿势相同，只是第六式要求两拳握固时拳面对两耳，第九式要求两拳面对鼻子。经反复研练揣摩，觉得拳面所对部位和效果均无太大差异，故将两式合并为拳面对两耳。

除了前面合并的两式外，又将第十二式的动作姿势、意念要求稍加改变移出，列为《易筋洗髓返还功》之第十二式——呼吸天地 体还童。最后将剩余的八个式子定为八个动作，即两臂下垂握固、两臂前伸握固、两臂上举握固、两拳对耳握固、两臂如山握固、展臂内旋握固、展臂外旋握固、两拳对脐握固。将这八个动作合并为一个式子，即第四式。将其名称定为"八方握固 气力增"。

上述八个动作的练法、规范调整变化和内涵、意念充实丰富后，较原功法不同之处如下：

第一，把原来的自然站立练习，改为部分姿势不同的马步桩站立练习，增加桩功的练习，亦加大了运动量。

第二，把原来一种握固姿势不变的情况下，两拳连续做49次，一松一紧的

握拳运动，改为在全身设定七个念力点（两踝关节、两膝关节、两睾丸球、两肾球、两肩胛骨、两眼球、横膈膜），要求在每一种握固姿势不变的情况下，将意念由下向上移动七个念力点，在每个念力点上做"笑一笑，颠一颠，扎一针，握一握（拳）"的趣味意想运动，这样能迅速激荡起内气的运行，根据每个人的不同情况，会使周身抖动，产生不同程度的荡漾感、触电感，通经、提神、健身的效果非常明显。

第三，原《易筋经外经》十二式通过调整、修润、增补后形成的8个动作，全部浓缩于本式之中。即保留了原有的精华，又丰富、壮美了其内涵与体魄。通过启动、开合的意念和位置不停的移动变化，把外壮和内养（即易筋洗髓）两个方面的功法和心法有机地融为一体，部分动作通过调整、修润、增补，使其较之前的运动幅度宽大，运动方位更全面，运动过程更细腻，运动意念和功效更明确，并有机地融入了儒释道、武医文、养生防身、启智开悟等诸多有关方面的技术、理论精华，突出了神、意、气、劲的有机结合，丰富了文化内涵，增添了运动趣味，提高了祛病强身、启智开悟、防身抗暴的综合功效。

五、把少林《易筋经》不同流派的练法和道家《返还功》的呼吸大法的意念要求和现代医学疗法有机融入功法之中

这种练法主要体现在第五式"撑肩长腰 宁心血"中。这段功法是以"两拳握固"为主要形式，采用两拳沿肩绕转和身体的前后俯仰等7个动作，一是进行深长呼吸和闭息的锻炼；二是进行握力和肩臂关节韧带弹性力的锻炼；三是促进侧支循环，防治心脑血管疾病。

在这一式五动的整个运行过程中，特别强调采用两拳握固，要随着姿势的变化，连续不断地做一次比一次紧而不松的握拳练法。这采自少林《易筋经》另一流派代表人物——"一清散人——陈太平"对两拳握固的练法和意念要求，是一种与众不同的意念，具有特殊的祛病强身功效。这种练法与中国传统的双盘打坐、低姿站桩、闭息等养生功法以及现代医学采用的束臂挤压、短时间内停止两臂血液流动，以促进心脑血管形成侧支循环，防治心脑血管淤堵的有效方法，有异曲同工之妙。

六、根扎八方，博采众长，努力使《易筋洗髓返还功》枝繁叶茂

为了使《易筋洗髓返还功》在健身防身、启智开悟、实用性、趣味性等各个方面体现出独特风格和突出功效，我们从第六式开始有机地融入了九个不同

类型的健身方法。即：

第 六 式　扣齿揉邪 击膻中　　第 七 式　吞津念诀 安脏腑
第 八 式　遁土观水 壮五行　　第 九 式　潜水戏鱼 生童趣
第 十 式　洗髓涤腑 除痼疾　　第十一式　抖翎撒毛 惊魂魄
第十二式　呼吸天地 体还童　　第十三式　踩云回看 神仙势
第十四式　太极按摩 气归经

第六式、第七式吸收了传统的广为流传的叩齿、绕舌、鼓漱、咽津等具有滋阴降火、健胃消食等功效的功法。不同之处在于将这些功法与世人少见的"揉八邪（穴）""击打膻中穴"和以呼吸控制咽津，随着呼气默念道家"养生长寿六字秘诀"等祛病强身的神奇功法融为一体。

第十四式吸收了世人通晓且广为践行的保健按摩等舒筋活络、化瘀止痛、解除疲劳的功法，作为收式。不同之处在于将周身按摩的功法与世人少见的缠绻式循经导气的"太极按摩术"（见《八卦三合功》功法篇，人民体育出版社）有机融为一体，既提高了按摩的效果，又增强了趣味性。

遁土观水　壮五行（第八式）、潜水戏鱼　生童趣（第九式）、洗髓涤腑　除痼疾（第十式）三式是从王培生老师的某些小功法中受到启发，并结合自己天真的想象而进行融合、创造的。通过实践和现代科学知识证明，这些功法具有良好的健身祛病、启智开悟、焕发童心、防老抗衰、增强多巴胺（抑制恶性因素的物质）分泌等功效。

抖翎撒毛　惊魂魄（第十一式）是借鉴传统武术的发力方法，为提高全身各关节防身抗暴的爆发力、冷炸力、弹抖力而创编的，具有很好的通经化瘀、强健脏腑、清除痼疾、振奋精神、增强人体活力的功效。呼吸天地　体还童（第十二式）借鉴于《八段锦》"背后七颠百病消"，并有机地纳入了传统武术中以呼吸助发力、退步发力和纵跳发招的经典练法；踩云回看　神仙势（第十三式）借鉴于《八段锦》"五劳七伤往后瞧"。这两段功法也都有机地融入了王培生老师的"祛病健身小功法"的一些功理功法，增强了其健身功效，增加了文化内涵和运动趣味。

七、以道家"常有欲，以观其徼""常无欲，以观其妙"之道体区分，升华每段功法

由无到有、由简到繁、由无欲到有欲是宇宙万物运动的规律。但是后天的知识和实践形成的一切有形的肢体运动与无形的意念、想象、选择、综合、认定等一切思维运动，无论如何论证其优良与效用都属于后天的"实神"，在一定条件下会抑制"元神"，从而呈现失衡状态。因此，必须在适当的时候加以抑制，与先天的"元神"配合熔炼，才能达到更高层次，产生神奇的效果，促进身体与智能的质变。

上述十四式功法，虽然极尽广征博采，纳古融新，将儒、释、道、武、医等中国传统与现代优秀的健身防身之元素有机融为一体，但仍是后天的有为之法，处于"常有欲，以观其徼"的意念想象阶段。因此，我们在每个单元（为了教、练方便，我们将十四式功法分为五个单元）功法结束后，都特别强调"闭上眼睛，下意识地对上述意念进行'清零'，忘掉所有想象，进入'常无欲，以观其妙'的先天自然状态，待头部有松空感时，即可练下一式"。我们要求习者可以根据自己的时间和爱好随意选择某一式功法进行单独练习，或任选几个式子进行组合练习，都强调使用"闭目""清零""观妙"的意念进行收式。这样既增加了功法的文化内涵，又能把每个单元功法，或自选的某一式或某几式功法相对独立起来，为习者创造根据自己的时间和兴趣选择练习的条件，又把每个单元功法或某式功法升华为"无意念的体会阶段"，即"常无欲，以观其妙"的理想境界。

此外，在每次收式时都强调抖腕练习、螺旋行走和舒臂击要穴等动作，巧妙地融入了自己在多年习武练功过程中沉淀、提炼的既具有极强的健身抗暴功效又有趣味的散手技巧，进一步强化了《易筋洗髓返还功》的健身抗暴和启智开悟的综合功效。

与古人之保守不同，写作本书的宗旨有四，一是传承师授，二是弘扬文化，三是保健抗衰，四是启智开悟。以此服务于人类，为世人造福，是我们最大的愿望。

张全亮　马永兰
2022年4月3日

前　言

易筋洗髓返还功，又称易筋洗髓十四式，是一种内外兼修、延缓衰老的养生长寿功法。它包含十四式（含预备式、起式、收式），262张动作图片，34张穴位图。

《易筋洗髓返还功》是在数十年苦练精研中国传统武术的基础上，合理吸收多家拳术和内功精华，特别是梁式八卦掌、吴式太极拳、道家"返还功"呼吸大法等健身养生功法，经过长期孕育构想、反复实践体悟和推敲修改，整理创编而成。

此功法是鸣生拳法（梁式八卦掌、吴式太极拳）的集大成之作，是具有代表性的经典功法之一。其中，"易筋"非专指少林、武当拳系内流传的外壮功法，而主要是指八卦掌圆掤撑拉，极具抻筋拔骨功效的动作形态；"洗髓"亦非专指少林、武当拳系内流传的内修功法，而主要是指吴式太极拳特别强调的神意气势的心法，以及传统文化和现代科学知识的内涵；"返还"乃道家龙门派返还生克、吐纳抗衰的基本大法。

此功法充分吸收了八卦掌名家、我们的恩师李子鸣先生传授的《易筋经外经》（也称"十二大劲功"）的基本姿势和动作特点（两拳握固朝若干特定方向，做一松一紧的握拳动作）；以太极拳名家、我们的恩师王培生先生传授的"以心行意""按窍运身"和"六球相佐"的心法秘诀为神意内气的启动点和运行路线；以道家龙门派武医奇人、我们的恩师悟真子沈岳武道长传授的"返还功"呼吸大法为脏腑气血鼓荡的动力；以笔者（张全亮）在近70年苦练精研内外两家多种拳术和内功精华的实践中（特别是梁式八卦掌、吴式太极拳、道家返还功）不断总结提炼形成的"以神领形的运动特点，似水而动的运动规律，效法自然的运动趣味，旋转空无的运动态势"为神意境界的总纲和功法灵魂，熔儒、释、道、武、医等多家内功心法和人体文化精华于一炉，三足鼎立，融会贯通，内外兼修，易学易效，多姿多趣，内涵丰富，外延广阔，具有理想的延缓衰老、启智开悟、强身抗暴等多种综合功效。

目　录

第一章　功法特点 …………………………………………（ 1 ）

第二章　十四式功法名称、规范要求、健身功效及相关穴位注释
…………………………………………………………（ 6 ）

第一式　天人合一　入佳境 ……………………………（ 6 ）

第二式　调坎填离　水上行 ……………………………（ 10 ）

第三式　灌指旋腕　清肺肠 ……………………………（ 16 ）

第四式　八方握固　气力增 ……………………………（ 31 ）

第五式　撑肩长腰　宁心血 ……………………………（ 42 ）

第六式　扣齿揉邪　击膻中 ……………………………（ 47 ）

第七式　吞津念诀　安脏腑 ……………………………（ 49 ）

第八式　遁土观水　壮五行 ……………………………（ 53 ）

第九式　潜水戏鱼　生童趣 ……………………………（ 56 ）

第十式　洗髓涤腑　除痼疾 ……………………………（ 60 ）

第十一式　抖翎擞毛　惊魂魄 …………………………（ 63 ）

第十二式　呼吸天地　体还童 …………………………（ 64 ）

第十三式　踩云回看　神仙势 …………………………（ 68 ）

第十四式　太极按摩　气归经 …………………………（ 69 ）

第三章　功法解说词、视频及简化版完整练习口令 …………（ 92 ）

第一节　功法解说词、视频 ……………………………（ 92 ）

第二节　功法简化版完整练习口令 ……………………（120）

1

第四章　功法相关穴位及相关内容 ……………………（123）

第五章　功法浅析与应用 ……………………………（129）
第一节　功法浅析 …………………………………（129）
第二节　功法应用 …………………………………（136）

附录 …………………………………………………（141）

附录一　《易筋经外经图说》（李自鸣老师传）影印 …………（141）

附录二　《八段锦导引法》（王培生老师书写）影印 …………（144）

附录三　《养生五脏坐功法》（王培生老师书写）影印 ………（146）

附录四　《道教返还功讲义》摘要（沈岳武道长）……………（148）

附录五　王培生老师内功心法论述文选（两篇）………………（151）

附录六　受益者的回声 …………………………………………（176）

跋——武艺融武医，京华蕴精华 ……………………（197）

后记 …………………………………………………（199）

第一章　功法特点

我和夫人马永兰都师从八卦掌名家李子鸣、太极拳名家王培生、道家龙门派武医奇人沈岳武三位大师，学练过梁式八卦掌、吴式太极拳和道家养生功法。到了这个年纪本来应该静心无挂，颐养天年。但为了中国传统武术的传承、发展，以及广大人民群众的健康事业，我们想还是将多年的锻炼体会和心得汇编成《易筋洗髓返还功》。这本书是我们将半个多世纪苦练精研中国传统武术、传统养生功法的心得体会。书中融入了行之有效的练功经验和心得体会，就算是我们为祖国和人民留下的一点健康遗产或是我们对祖国的一点贡献吧！

《易筋洗髓返还功》这套功法，是通过精心筛选我们学练过的传统功法中的一些独特身姿和动作，将我们的身心感受、东方人体文化知识及意想的诗情画意般的自然景物有机融合，充分体现了独特的"守中庸，促两极，善联想，寻趣味，找感觉，求自然，采众长，重功效"功法特点。下面从四个方面谈谈我们的体会和认识。

一、以意气风发的深长呼吸，推动脏腑血管的膨胀收缩

道家龙门派武医奇人沈岳武曾说："道家强调的'行住坐卧不离这个'，'这个'是什么，过去是秘不外传的，但实际上就是呼吸。"沈岳武道长传授的"返还功"中有21种呼吸方法，后来我又在实践中悟出来10余种呼吸方法。这些呼吸方法综合分析起来，都是一个目的，就是用不同的呼吸方法加强肺的呼吸功能，以其强大的呼吸功能，推动脏腑血管的膨胀收缩，以强健脏腑、滑利血管、增大肺活量、提高其弹性力，从而促进血液循环、促进脏腑蠕动，达到活血化瘀、强心清肺、健胃柔肝、润肠通便、通经活络等目的。

在易筋洗髓返还功十四式功法中，不但特别重视守中庸、促两极的深长呼吸，还特别提倡通过各种有趣的想象，进行意气风发的深长呼吸，使呼吸虽深长而松畅有趣，虽用力而不憋不滞。

如预备势的第一句歌诀："端庄平稳，气度开阔"。要求练功者想象眼前是一片湛蓝平静的大海，海上屹立着一尊高大挺拔的观世音菩萨像，慈善祥和地面视自己，我即恭心敬效。随之深吸气，极目远眺，要有"心如大地融万物，神若闪电绕宇寰"的气势。

再如易筋洗髓返还功第八式"遁土观水 壮五行"中，要求"想象自己的两手臂变成两个巨大的机械臂，一直插到土层深处，然后用力向前、向身体两侧、向身后挺身分拨；边分拨边起身，待两腿立直时，两手背恰好移至腰背，挺身观望，一个巨大的湖泊展现在眼前。""湖岸四周处处垂柳依依，花草芬芳，湖中倒影缥缈，群鱼漫游，顷刻进入了一种忘我无为的仙境"。这里的"巨大的机械臂""巨大的湖泊""湖岸四周……的仙境"，和前面的"湛蓝平静的大海""高大挺拔的观音菩萨像"等虽然都是通过联想和想象在大脑里所形成的虚幻图像，但这种有趣的想象却可以使练功者进入一种意气风发的状态。在这种状态下，功法要求"随所想象的意境变化或动作开合，配合深长呼吸"。

上述这种在"心如天地融万物，神若闪电绕宇寰"的气势下进行深吸气和在意气风发的心态推动下，大幅度肢体运动配合缓慢、深长、通透的呼吸，已被长期实践证明是推动脏腑血管的膨胀收缩、增强血管弹性、祛病强身、防身抗暴功能的有效功法。

二、以经络穴位的特殊作用，导引肢体动作的自然运行

我在《"按窍运身"在吴式太极拳体用中的具体实施》一文中提到的"以心行意，按窍运身"理论，是吴式太极拳技击艺术大师王培生先生在总结数十年体用实践经验的基础上提出来的。传统太极拳在体、用两个方面，都非常强调"以心行意，以意导气，以气运身"。王培生先生在实践中体悟到的"按窍运身"，要比"以气运身"更具体，更好掌握。实践证明，用这一理论指导健身和技击，作用更为显著。王培生先生提出的这一新理论，是对前人太极拳理论的补充、完善和发展，是对太极拳理论研究的一大贡献。

"按窍运身"，就是在拳术的体、用中，先将意念注于一个穴位，让内气自然向此聚合。随之自会循经络运行，内动外随，细心体察，向上则如气蒸腾，向下则如水涸沙，极为细腻有趣。纯熟之后，在健身上可以有效地通经

化瘀，起到针灸、按摩的作用；在技击上因为我之内气，在体内细腻不停地流动，使对方之劲力无法落到实处，让对方感到如攀沙山，如陷泥潭，蹬不上劲，抬不起腿，迈不开步。功夫上身之后，越练越精，可达到"人不知我，我独知人，英雄所向无敌"的神明境界。

易筋洗髓返还功要求每个动作都要像练吴式太极拳那样以针灸穴位做引导。

如预备势的第二句歌诀："三融四坠，断镶润笑"中的"三融"，是指"头融天、脚融地、胸融空"。功法要求练功者欲想头与天相融，只要想百会穴四周的四神聪穴向上，头就自然与天空融为一体了；欲想两脚与地相融，只要想两脚踝关节前横纹间的解溪穴，两脚就自然与大地融为一体了；欲想胸躯与空气相融，只要想两乳房连线中间的膻中穴，胸躯就自然与空气融为一体了。"四坠"是指肩往腰上坠、腰往胯上坠、胯往膝上坠、膝往踝上坠。功法要求练功者欲想两肩往腰上坠，则只想两肩井穴向两肾上松落，两肾自然会有感觉；欲想腰往胯上坠，则只想两肾向两胯外侧的环跳穴上松落，两胯自然会有感觉；欲想胯往膝上坠，则只想两胯的环跳穴向两膝关节内侧的阴陵泉穴上松落，两膝关节自然会有感觉；欲想膝往踝上坠，则只想两个阴陵泉穴向两个踝关节内侧下面的照海穴上松落，两踝关节自然会有感觉。

再如易筋洗髓返还功第四式"八方握固气力增"中，创造性地设计出对解溪、委中、会阴、命门、身柱、膻中、印堂、脑户、神阙、百会等重要敏感穴位进行"意念针灸"的心法，每刺一个穴位，全身就会产生明显的触电感（初学者不明显，功夫深进后自会有明显感觉），与针灸的实际临床作用有异曲同工之妙。

"意是银针，神是艾灸"。以穴位引导肢体运动，以光照射经络穴位，可以有效提高运动的灵活性、技击的隐蔽性和祛病强身的独特效果。

三、以清醒体会的"微""妙"之感，融通后天先天的返还之道

在自序中我提到："由无到有，由简到繁，由无欲到有欲……是宇宙万物运动的发展规律。但是后天的知识和实践所形成的一切有形的肢体运动与无形的意念、想象、选择、综合、认定等一切思维运动，无论如何论证其优良与效用，都属于后天的'实神'。在一定条件下会抑制'元神'，会出现失

衡状态。必须在适当的时候加以抑制，与先天的'元神'配合熔炼，才能上层次、出神效，促进身体与智能的质量变化。"

十四式功法中，虽然极尽广征博采，纳古融新，将儒、释、道、武、医等中国传统与现代优秀的健身防身之元素有机融为一体，但仍是后天的有为之法，居于"常有欲，以观其徼"的有意念的想象阶段；所以我们在每一式功法结束，后面都特别强调"把上述所有意念全部忘掉，闭上眼睛，静一静，使自己的身心完全从"常有欲，以观其徼"进入"常无欲，以观其妙"（道德经）的先天自然状态，下意识地对上述意念进行"清零"，待头部有了松空感时，即可练下一式。这样既能把每式功法相对独立起来，给习练者创造根据自己的时间和兴趣选择练习的条件，又把每式功法同时升级为"无意念的体会阶段"即"常无欲，以观其妙"的理想境界。

这种要求每式每动都要以清醒的头脑，认真体会功法中所设定的各种自然情景和动作规范的感受，即后天的"徼"。最后要求把所有这些感受全部忘掉，只观其"妙"，从而又形成一种新的感受，达到后天返先天之目的。先寻求后天"实神""感觉"，后再忘掉，进入一种新的先天"妙"感的功法练法，实乃为融通后天返先天的返还之道，它贯穿于易筋洗髓返还功十四式的每式每动之中。

比如第一式（预备势）和第二式（起式），一般的武术或气功功法套路，都视这两个动作为过渡动作，没有过多的文字描述，而我们把这两个过渡动作提升为两个式子，作为两段独立功法，不但赋予了有内涵、有高度、有趣味的名称——"天人合一入佳境""调坎填离水上行"，还将其内涵精心提炼为十三句诗情画意般的歌诀。预备势七句——"端庄平稳，气度开阔；三融四坠，断镶润笑；如沐春风，神舒气畅；下颌微收，舌尖上抵；眼向前看，耳向后听；着意丹田，背与后融；身觉摇动，渐入佳境"；起式六句——"重心左移右控左，两足平立横膈松；阴阳悬踏水上行，汇聚丹田神气充；肩肘如辘手如桶，提水摇摇到山顶；水至巅峰慢灌溉，毛发身心沐春风；一气三清透顶门，任其百脉自调匀；全身空透西山罄，虎吼猿鸣河水净"。我们用了大量文字对这十三句内涵经典、立意独特、有趣有味、功效绝佳的歌诀进行了解析，通过解析使人顷刻进入上述诗情画意的境界，从而产生深刻而美妙的感受。无疑这种感受会令人对这两段功法独特规范的要求、奇思妙想的内涵、天人合一的外延产生深刻的印象。

人的后天知识都是通过眼、耳、鼻、舌、身、意等的功能，对宇宙间万事万物的不同感觉而获取、形成的。人的健康意识，人对防身功能、技巧的理解，反馈的能力，人的智商、情商等，除了受部分先天遗传因素影响外，也都是通过人体各种功能器官，感知各种后天知识而滋生壮大的。人要健康，要强壮，要灵巧，要高智商、高情商，就要充分利用自己的"感觉"功能，打开感觉的心扉，展开感觉的翅膀，到宇宙间万事万物的海洋中，意想天开地择益而"感"，这既是"感而遂通"的强身健体的大法，也是启智开悟、修身育人的要诀。

四、以美妙动人的合理想象，焕发渐渐远去的童心童体

易筋洗髓返还功十四式，每式每动的起、承、开、合都是在美妙动人的想象中运行的。如易筋洗髓返还功第九式"潜水戏鱼生童趣"中，就有在诗情画意的环境中"潜水""戏鱼""芙蓉出水"等动作和场景的设计，目的是帮助习练者焕发渐渐远去的童心童趣；第四式"八方握固气力增"中就有56处默想关节或脏腑"笑一笑，抖一抖，扎一针，握一握（两拳用力握固）"的趣味设计，其目的是让习练者在练功中产生喜悦、欢快、和全身愉悦的幸福感。

中医理论和实践证明，美妙动人的环境，趣味盎然的游戏，发自内心的欢笑，都可以使人开心醒脑、疏肝解郁、活血化瘀、宣肺理气。

"笑一笑，十年少"。笑为心声，笑乃神药。笑乃返老还童之功，笑有益寿延年之效。易筋洗髓返还功乃精融古今养生之功，博采武医强身之法。三才通彻，感而遂通。异彩纷呈，趣味无穷。望有缘之同道，苦练精研，勤思践悟，承袭发展，造福人类，同攀寿山，同登寿域。

第二章　十四式功法名称、规范要求、健身功效及相关穴位注释

为了便于教、练，根据动作的数量和难易程度，将全套功法分五个单元进行介绍。第一单元包括第一式至第三式，第二单元包括第四式，第三单元包括第五式至第七式，第四单元包括第八式至第十三式，第五单元包括第十四式。

第一式　天人合一　入佳境

一、功法名称

天人合一 入佳境（预备势）（1动）

二、规范要求

两足自然站立，按道家《返还功》中"行呼行吸"的方法和"下喉三寸皆污物"的理论，两足前后随意行走（道家之行脚）或原地踏步，同时，做三次先口呼再鼻吸的深呼吸，即前行呼—后退吸；前行呼—后退吸；前行呼—后退吸。三息之后回到原地，凝神静虑，调匀呼吸，用意念按如下七句歌诀的要求，调理净化身心。

（一）端庄平稳，气度开阔

用意念想象眼前是一片湛蓝平静的大海，海上屹立着一尊高大挺拔的观世音菩萨塑像（当然亦可设想为自己尊崇的其他偶像），这尊塑像慈善祥和地注视着自己，我即恭敬虔诚，开始潜心修炼：深吸气，极目远眺，顷刻会感到有

"心如天地融万物，神若闪电绕宇寰"之气势。

（二）三融四坠，断镶润笑

三融：用意念想象自己的头与天融为一体，两脚与地融为一体，胸腹和四肢与周围空气融为一体，全身变成了一股流行的清气，天人合一。

四坠：意想两肩井穴向两肾上松落，待两肾有了感觉，再想象两肾向两胯外侧的环跳穴上松落；待两个环跳穴有了感觉，再想象两胯的环跳穴向两膝关节外侧下面的阳陵泉穴上松落；待两个阳陵泉穴有了感觉，再想象两个阳陵泉穴向两踝关节外侧后下方、跟骨外侧下面仆参穴上松落。

全身上下感到一气流行，螺旋对拔，形神意气均与天地相融。

断镶润笑：用神意内视想象颈椎7节，从第一节开始，往下一节一节地用意念力向后推，向下拉，使之断开距离，随即在两关节的空隙间，从后面向内镶进一只明净灵活的眼睛（眼球正面向后），再滴入一滴润滑剂；想完7节后，再想12节胸椎，从第一节开始，用意念力向前推，向下拉，使之断开距离，随即在两关节的空隙间，从前面向内镶进一只明净灵活的眼睛（眼球正面向前），再滴入一滴润滑剂；想完12节胸椎后，再想5节腰椎，从第一节开始，用意念力向后推，向下拉，使之断开距离，随即在两关节的空隙间，从后面向内镶进一只明净灵活的眼睛（眼球正面向后），再滴入一滴润滑剂；这样想象颈椎内镶进的7只眼睛，腰椎内镶进的5只眼睛，共12只眼睛都是向后观看的；想象胸椎12节内镶进的12只眼睛都是向前观看的。随即再想象每只眼睛都在会心地微笑。（图1）

整个椎体只靠筋肉连接，好像是解剖室内悬挂着的骨架，亦像是一条刚刚保养后的自行车链条，又像是能应万向的陀螺，这时你会感到整个脊椎、颈椎和腰背都被拉直，并达到极为松灵的状态。

图1

（三）如沐春风，神舒气畅

随即用意念想象自己站在雨后的春风里，清风拂面，周身荡漾，神舒气畅，满身轻利。

（四）下颌微收，舌尖上抵

随即意想喉头找大椎，下颌自然微收（长期坚持练习可调整颈椎力学失衡，防治颈椎病），舌体微上卷，舌尖自抵上颚（舌为肉之梢，经常练习可调理脏腑、促生津液、润喉滋阴）。

（五）眼向前看，耳向后听

随即以童心之神态目视（想象）远方山林间飞腾跳跃的小鸟，树上会心微笑的蚂蚁，好奇地凝神辨听（想象）身后远方山林间各种鸟兽或蝼蚁的欢叫声，身心会感到好像进入一种童话般的梦幻之中。

坚持此种趣味练习，可有效防治眼、耳之疾患，延缓视、听功能的衰退。

（六）着意丹田，背与后融

收回上述各种趣味想象，只将一点轻微的意念植入丹田，同时想象脊背与身后的空气融合在一起，顿时感到全身脏腑、气血松柔通畅。

长期践行此种意念，可以有效调整五脏六腑的阴阳失衡，防治多种疾患。

（七）身觉摇动，渐入佳境

上述意念完成后，两足犹如站在航行的船上，身体有轻微的摇动感，感到自己已进入一种"天人合一"的美好佳境。调匀呼吸，开始练习下一式。（图2）

图2

三、健身功效

经常按规范要求践行此式有以下好处：一能有效调整颈椎和脊椎力学失衡，防治眼、耳及五脏六腑的多种不明原因的疾患；二能开阔胸怀，壮大气魄，焕发童心，延缓衰老，特别是延缓视、听功能的衰退，还可以预防老年痴呆症；三能有效提高自己处变不惊和泰山崩于前、猛虎扑于后而不惊不恐的胆气和应变能力。

四、相关穴位

肩井穴：位于两肩上凹陷中；属于足少阳胆经；主治头项疼痛、肩背疼痛、上肢不遂、难产、乳痈、乳汁不下、瘰疬等，见图3。

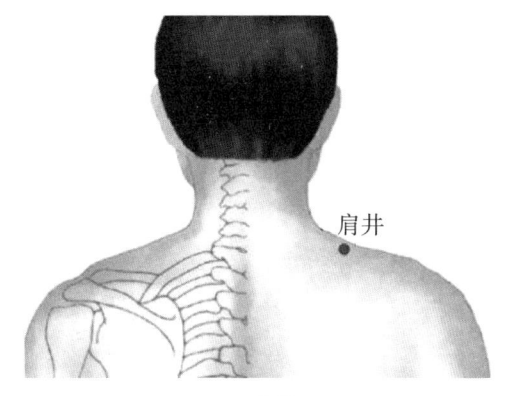

图3

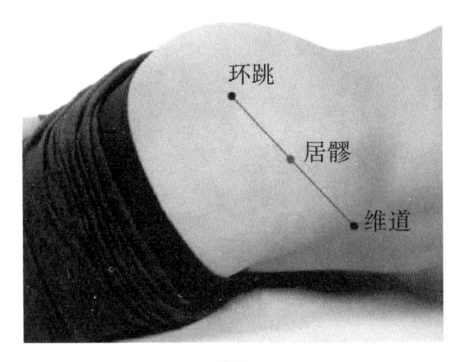

环跳穴：位于臀外，侧卧，屈膝，足跟所触之处；属于足少阳胆经；主治腰胯疼痛、半身不遂、下肢痿痹等，见图4。

图4

阳陵泉穴：位于人体下肢腓骨小头前下方、膝关节外侧前下方的凹陷中；属于足少阳胆经；为筋之会穴，有舒筋活络、疏肝利胆止痛之功效。主治恶心呕吐、腰膝肿痛、下肢痿痹、胁肋疼痛、湿热黄疸、口苦咽干、半身不遂以及小儿惊风、胆囊炎、膝关节炎、坐骨神经痛等，见图5。

仆参穴：位于外踝后下方，昆仑直下，跟骨外侧；属于足太阳膀胱经，具有通窍醒神、舒筋通络、强筋壮骨等功效。主治风痰阻窍之癫痫、晕厥诸病，以及经脉痹阻之下肢痿弱、腿痛转筋、膝肿、脚气、足跟痛等，见图6。

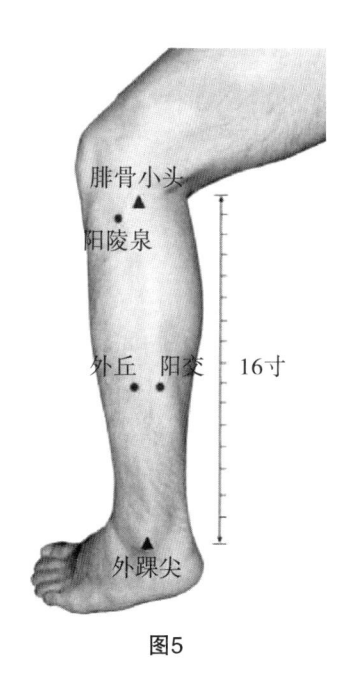

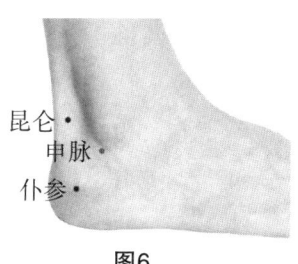

图5 （标注：腓骨小头、阳陵泉、外丘、阳交、16寸、外踝尖）

图6 （标注：昆仑、申脉、仆参）

第二式 调坎填离 水上行

一、功法名称

调坎填离 水上行（起式）（6动）

二、规范要求

接上式默想践行如下六句歌诀：

（一）左脚横移右控左，两足平立横膈松

接上式，重心完全移至右腿，鼻尖与右足大趾、尾骶骨与右足跟上下垂直相对，目视前方，想象在万人群中寻找一位久别重逢的亲人，身体有上下拉拔，左足有欲向左侧开移之势；随即意想右手小指向右足跟外侧10厘米处指

第二章 十四式功法名称、规范要求、健身功效及相关穴位注释

地，撑裆松胯，左足向左横移，左足大趾着地；随即依次意想右手无名指指地，左足二趾着地；意想右手中指指地，左足中趾着地；意想右手食指指地，左足四趾着地；意想右手大指指地，左足小趾着地；意想右手掌落地，左足前脚掌着地；意想右手掌根着地，左足跟着地；这时重心已随着移至左足，会感到自然地呼出一口很痛快的气，横膈膜非常松畅。然后将重心移于两足之间（图7、图8）。

图7　　　　　　　　　　图8

（二）阴阳悬踏水上行，汇聚丹田神气充

接着重心左移再右移，想象两足的左右移动，就好像是农村过去用的脚踏水车，通过两足的旋踏向上绞水浇地，使地下水汇聚丹田。左右共移动三次。

第一次移动，想一下左足心的涌泉穴与左侧的肩井穴上下贯通，右手同时移至左下腹，掌心向内（图9），随即缓慢深吸气，随着深吸气，眼神由下向上内视，右手亦向上缓慢移动，并想象"泉水"随深吸气在神意和右手的引导下，缓慢上升至左肩井穴，稍停（图10），再缓慢呼气，眼神随之向下腹部内视，右手亦同时向下缓慢移动，意想"泉水"随神意和右手的引导下行至小腹中部（图11）；随即再重心右移，右手回移至右胯旁，左手同时移至右下腹，掌心向内（图12），想一下右足心的涌泉穴与右侧的肩井穴上下贯通，随即缓慢深吸气，眼神由下向上内视，左手亦向上缓慢移动，并想象右侧的"泉水"

随深吸气在神意和左手的引导下，缓慢上升至右肩井穴，稍停（图13），再缓慢呼气，眼神随之向下腹部内视，左手亦同时向下缓慢移动，意想"泉水"随神意和左手的引导下行至小腹（图14）。

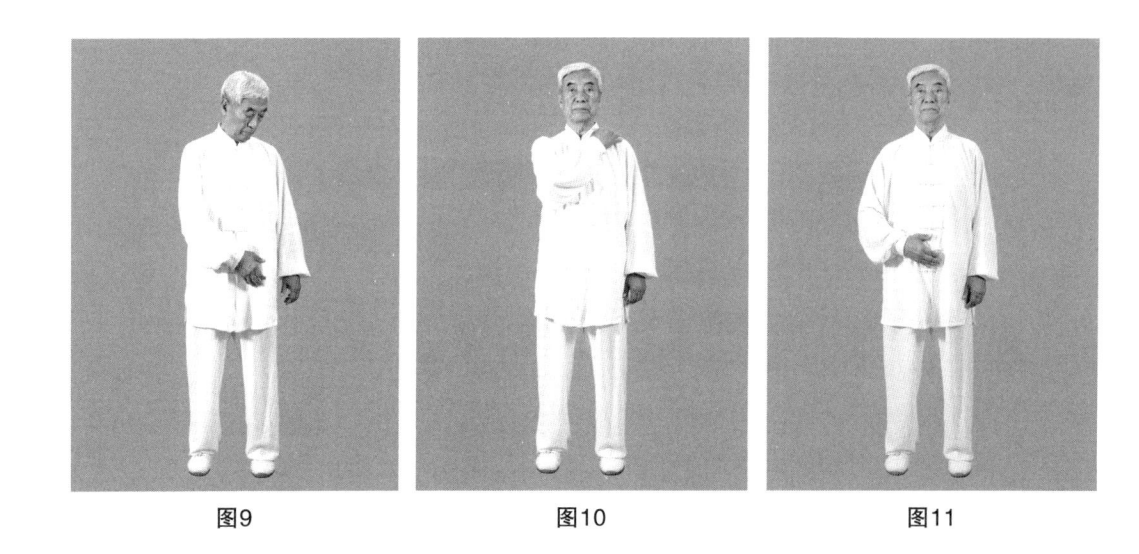

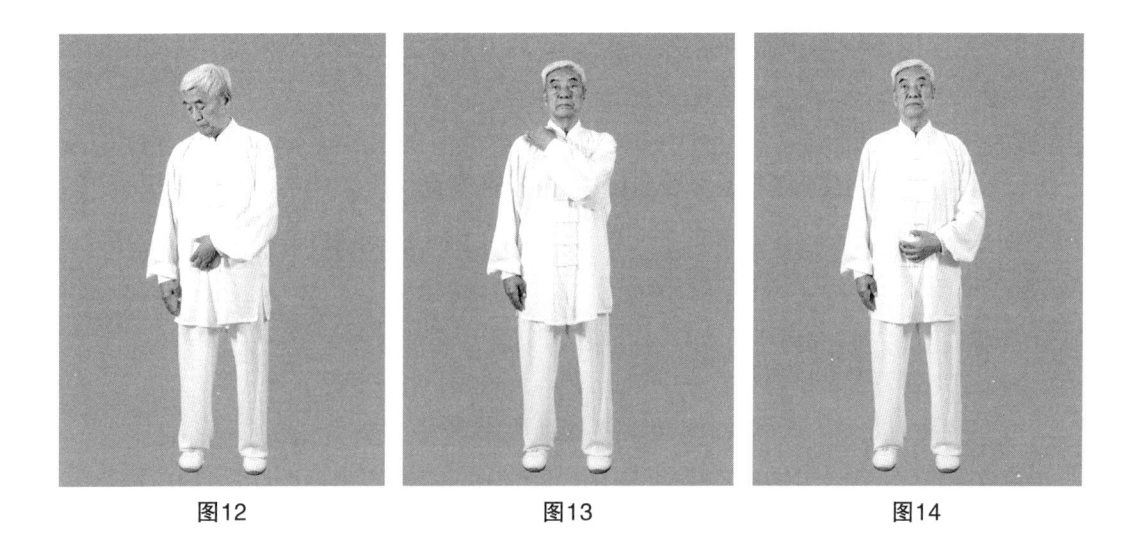

图9

图10

图11

图12

图13

图14

第二次和第三次移动的规范要求均与第一次相同。

通过两足左右三次移动，感到丹田处气血充盈（水满了），神足气壮。

第二章 十四式功法名称、规范要求、健身功效及相关穴位注释

（三）肩肘如辘手如桶，提水摇摇到山顶

接着想象两肩和两肘像是过去从井中提水的辘轳或井绳，两手就像是从丹田中向上提水的水桶；将"水"从丹田提至"山顶"（头顶），即两手从丹田向上掤举至头顶上方，两手于头顶两侧伸举不动（图15、图16）。

图15

图16

（四）水至巅峰慢灌溉，毛发身心沐春风

接上动，两手内合，对向头顶，然后用意念控制，慢慢向下灌溉（两手心置于头顶上方不动），也可以把两手设想为两个喷头向下喷灌，要心旷神怡地想象，全身的汗毛像是禾苗被清水浇灌后，郁郁葱葱，微风吹抚，清舒摇曳，感到全身内外也都随之神舒气畅（图17）。

图17

（五）一气三清透顶门，任其百脉自调匀

接着两手外展，十指朝天，像是雷达天线，从头顶上方左右缓慢旋转移动，意想两手把宇宙能量聚集起来，从头顶透过百会穴，向下透过上、中、下丹田向全身透漫，两手亦随之缓慢下降至两腿外侧，这时会感到周身百脉被调整得匀细顺畅（图18~图26）。

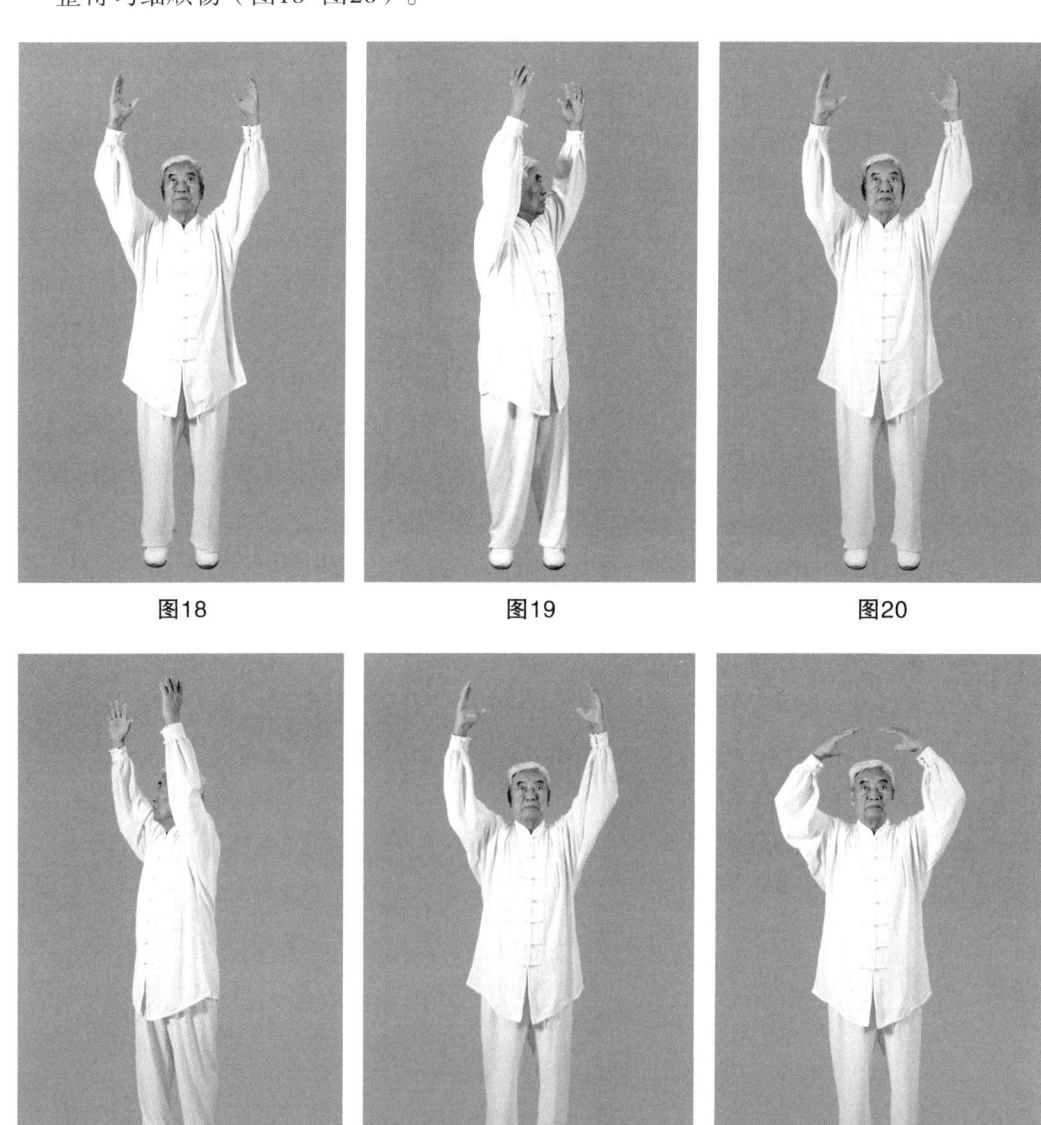

图18

图19

图20

图21

图22

图23

第二章 十四式功法名称、规范要求、健身功效及相关穴位注释

图24　　　　　　　　图25　　　　　　　　图26

（六）全身空透西山磬，虎吼猿鸣河水净

接着屈膝下蹲，呈马步状，再认真体会一下自己全身都是空透的，两肩两胯向外松掤，身体就像悬挂在西山庙前的一口大钟，敲击一下就会响彻整个空间；同时觉得丹田里有一股巨大的能量，大喊一声就会像虎吼猿鸣一般令人惊骇；再意想面前所看到的是清清静静的河水，鹰击长空，鱼翔浅底，两岸花红柳绿，万籁俱寂。这时会明显感到全身与环境交融，无我无它，气若游丝，心如明镜。调匀呼吸，开始练习下一式（图27）。

图27

三、健身功效

经常按规范要求践行此式，一是有滋阴降逆、补肾壮元、平肝舒络之功效；二是可防治因元阳不足而导致的免疫力低下，易感风寒和因肝阳上亢，所引起的急躁易怒、口舌生疮、肠胃不和等症状。

四、相关穴位

涌泉穴：位于足底部，卷足时足前部凹陷处；属于足少阴肾经；主治头痛头晕、小便不利、便秘、足心热、癫痫、昏厥等疾患，见图28。

百会穴：位于头顶部，两耳尖连线之中点；属于督脉；主治头痛、眩晕、中风失语、癫狂、脱肛、泻泄、失眠、健忘等疾患，见图29。

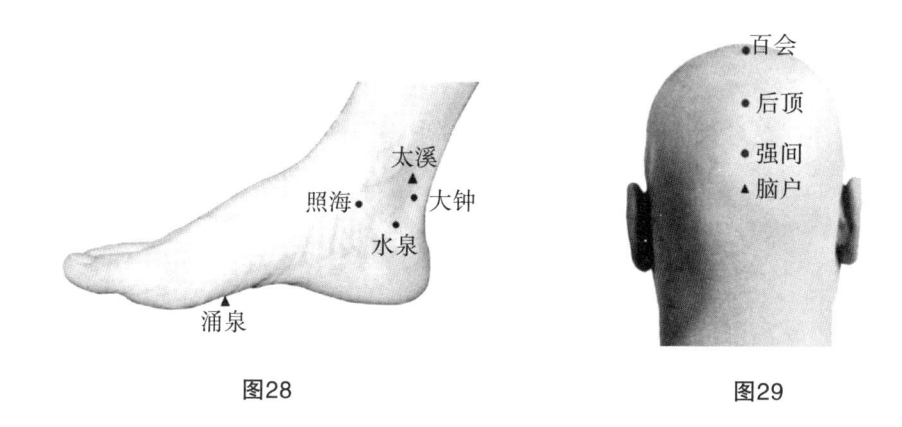

图28

图29

第三式　灌指旋腕　清肺肠

一、功法名称

灌指旋腕　清肺肠（4动）

二、规范要求

第一动：内外旋腕　灌指

接上式，马步站立，两手外旋向上捧至胸前，使两手心之内劳宫穴朝天，五指自然分开，状如捧物，同时意想两股宇宙能量徐徐向劳宫穴内灌注，默数5个数（图30）；再将五指回收，手大指肚与手食指内侧之商阳穴相接

第二章 十四式功法名称、规范要求、健身功效及相关穴位注释

（图31）；接着以大指肚依次按摩食指、中指、无名指、小指的指甲盖，意想将宇宙能量从五指外侧依次向体内灌注（图32~图35）；接着再意想以小手指根部外侧的后溪穴，找手腕上侧的列缺穴，手腕随之极力内旋，待旋转至掌心向外，虎口向下时，五指伸直，虎口极力扩张，随即五指第一节回勾，状似虎爪，两手背置于两大腿外侧，默数5个数（图36、图37）；再意想列缺穴找后溪穴，掌腕极力外旋，同时以两手之大指肚依次按摩两手的小指、无名指、中指、食指的指肚（图38~图41）；同时意想将宇宙能量从五指内侧依次向体内灌注；待外旋至两手心朝前，虎口向外时，五指伸直，极力扩张两手虎口，随即五指第一节回勾，状似虎爪，默数5个数（图42、图43）；接着两掌姿势不变，两肘屈沉，以意念催动两肘尖向前找两掌指，以加大折腕的力度（图44）。

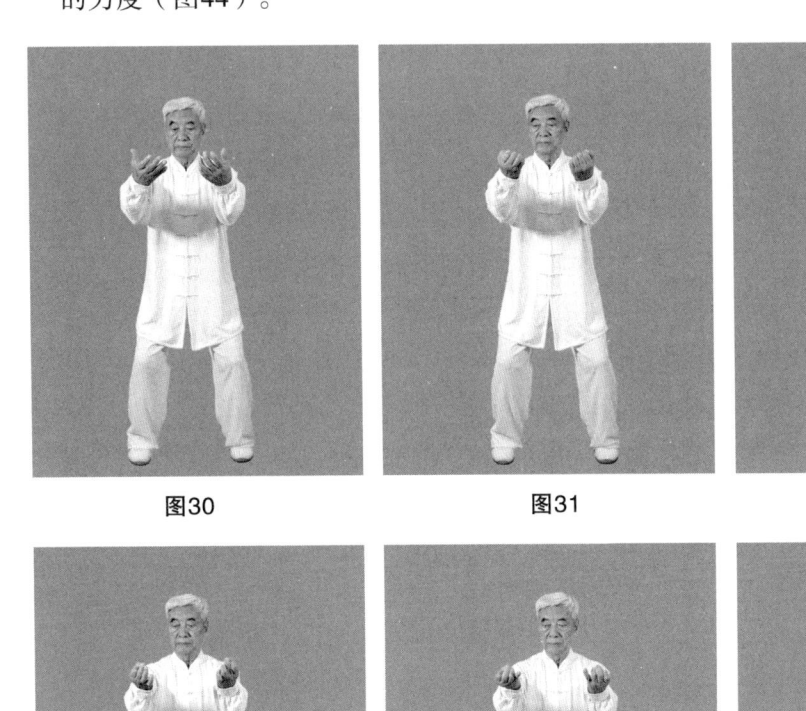

图30　　　　　　　图31　　　　　　　图32

图33　　　　　　　图34　　　　　　　图35

易筋洗髓返还功

图36

图37

图38

图39

图40

图41

图42

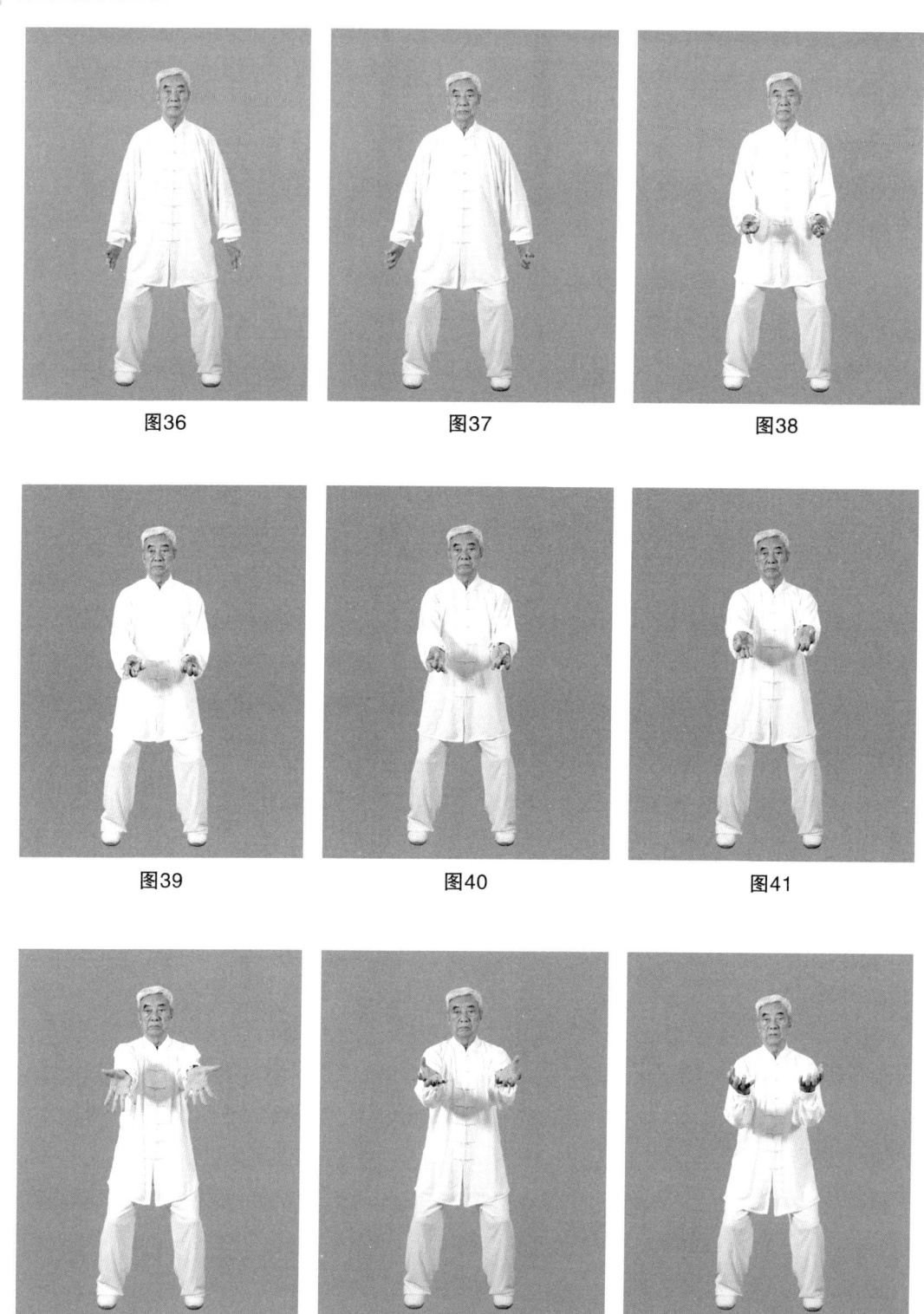

图43

图44

按上述要求所做的"灌指旋腕"视为一次，如此重复做三次。

注意：此式中凡是折腕之处，肢体形态都要随着数数不断加大力度，但意念要尽量放松。

第二动：沉掌后翘 前折

接上动，下肢姿势不变，两掌下移，掌心向下，掌跟下沉、两手十指极力后翘，折腕，两臂极力向后上举，两手心斜向后，意想两手之指甲盖向两肘后靠拢，默数5个数（图45）；随即两掌姿势不变，两肘屈沉，以意念催动两肘向前下找两掌指，以加大折腕的力度（图46）；随即两手掌指再极力折腕回勾，成握固状，两肘极力向前撑托，高与肩平，两掌心向内，意想两手之指肚向两肘窝靠拢，默数5个数（图47）。

图45　　　　　　　　图46　　　　　　　　图47

如此之两掌指后翘前勾视为一次，重复做三次。

注意：此式中凡是折腕之处，肢体形态都要随着数数不断加大力度，但意念要尽量放松。

第三动：沉掌前翘 后折

接上动，下肢姿势不变，两拳松开下降变掌内旋，沉肘前撑、折腕，掌指极力向前上翘，两掌心由下转向上，意想两手之指甲盖向两肘部靠拢，默数5个数（图48）；随即两掌变拳握固，向身后反举至极限，两拳极力折腕

易筋洗髓返还功

向后回勾，两拳心向上，意想两手之指肚向两肘靠拢，默数5个数（图49，图50）；随即两拳姿势不变，两肘屈沉，以意念催动两肘向前下找两掌指，以加大折腕的力度（图51，图52）。

图48

图49

图50

图51

图52

如此之两掌指前翘后折视为一次，重复做三次。

注意：此式中凡是折腕之处，肢体形态都要随着数数不断加大力度，但意念要尽量放松。

第二章　十四式功法名称、规范要求、健身功效及相关穴位注释

第四动：撑掌外翘 内折

接上动，两掌下降外旋至两腿外侧，从两腿外侧展臂撑掌，极力向外、向上折翘，两掌心向外，意想两手之指甲盖向两肘部靠拢，默数5个数（图53）；两手掌指再极力折腕向两腋下回勾，两掌心向上，意想两手之指肚向两肘窝靠拢，默数5个数（图54）。

图53 　　　　　　　　　　　　图54

如此之两掌指一折一翘视为一次，重复做三次。

注意：此式中凡是折腕之处，肢体形态都要随着数数不断加大力度，但意念要尽量放松。

收式：接上式，两掌相合前伸，向上高举过头（图55、图56），复下降至胸前，姿势不变（图57），随即两掌跟外展，两手大拇指、食指、中指分别相接成环状，掌心向下置于肚脐前上方（图58），然后套在肚脐上，想象肚脐向外鼓出，再回到原位，这样鼓三鼓、瘪三瘪（图59），接着两掌下移至小腹两侧，以两手中指点按两气冲穴（图60），气冲穴有热感时立即用两掌心贴住，认真体会热量收至丹田（图61）；然后两掌下移至两腿外侧，以两手中指点按两腿外侧的风市穴，认真体会其热量向两腿散发，复收至丹田（图62），然后左脚向右脚靠拢，恢复自然站立姿势，闭上眼睛，把上述所有意念全部忘掉，下意识地对上述三式中所有的意念进行"清零"，静一静，使自己的身心完全

21

易筋洗髓返还功

从"常有欲，以观其徼"进入"常无欲，以观其妙"的自然状态（图63），待头部有松空感时，即可做几次抖腕、提膝和随意拍打的放松运动，收式，以练下一式。

图55

图56

图57

图58

图59

图60

第二章 十四式功法名称、规范要求、健身功效及相关穴位注释

图61　　　　　　　　图62　　　　　　　　图63

抖腕：摔、拍、煽、抖、弹。

摔，即两掌心朝上，以手背反复向下用力，如抖腕摔物（图64）。

图64

图65

拍，即两掌心朝下，以手心反复向下用力，如抖腕拍球（图65）。

23

煽，即两掌心朝内相向用力，如抖腕相互煽风（图66）。

图66

抖，即两掌心朝上，一前一后平行颤抖（图67）。

图67

弹，即两掌心朝下，同时向斜上方用力挥腕抖动，如掸尘土（图68）。

图68

第二章　十四式功法名称、规范要求、健身功效及相关穴位注释

展臂屈膝全身关节同时抖动（图69）。

提膝，即提膝搂刀走螺旋，也叫左右提膝搂刀手。

图69

图70 　　　　　　图71

左提右搂，即提左膝屈右肘，肘膝相合，同时旋腰转胯，左足向右足前外侧落步，同时右手向右后方展臂外搂（图70、图71）。

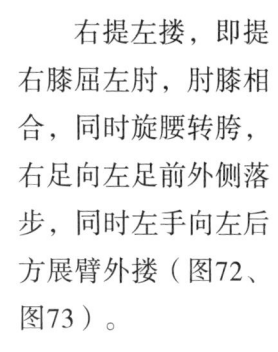

右提左搂，即提右膝屈左肘，肘膝相合，同时旋腰转胯，右足向左足前外侧落步，同时左手向左后方展臂外搂（图72、图73）。

图72 　　　　　　图73

25

左提右刀，即提左膝屈右肘，肘膝相合，旋腰转胯，右手小臂外旋向右斜上方分拨，左臂向左后下方分拨（图74、图75）。

图74 　　　　　　　　　图75

右提左刀，即提右膝屈左肘，肘膝相合，旋腰转胯，左手小臂外旋向左斜上方分拨，右臂向右后下方分拨（图76、图77）。

图76 　　　　　　　　　图77

第二章 十四式功法名称、规范要求、健身功效及相关穴位注释

拍打放松，即舒臂击要穴。右虚步站立，右臂内旋以手背用力击打右大腿外侧的风市穴（图78）；动作不停，右臂外旋，手腕翻转向上，向前上方用力摔腕击空，左手同时内旋屈肘用力击打命门穴（图79）；动作不停，右臂内旋，向下用力击打右大腿内侧（图80）；动作不停，右手舒臂向上向后用力击打大椎处，同时左手击打右腋窝（图81）。

图78

图79

图80

图81

易筋洗髓返还功

　　左虚步站立，左臂内旋以手背用力击打左大腿外侧的风市穴（图82）；动作不停，左臂外旋，手腕翻转向上，向前上方用力摔腕击空，右手同时内旋屈肘用力击打命门穴（图83）；动作不停，左臂内旋，向下用力击打左大腿内侧（图84）；动作不停，左手舒臂向上向后用力击打大椎处，同时右手击打左腋窝（图85）；收式还原（图86）。

图82 　　　　　　　　　　图83

图84 　　　　　　图85 　　　　　　图86

三、健身功效

通过四个动作，八个不同方向的翘指折腕练习，一可强力抻拉指、掌、腕、臂的韧带，充分刺激、疏通手三阴三阳经和任督二脉的经络穴位，整体提高自身的呼吸、排泄、消化、吸收、循环等方面的功能；二可清肺利肠，强心健脾，有效防治肺与大肠、心包与三焦、心与小肠等脏腑方面的疾病；三可有效提高指、掌、腕、臂韧带的柔韧性和力量，提高防身抗暴能力。

四、相关穴位

劳宫穴：位于握拳时中指所触之处；属于手厥阴心包经；主治心痛、呕吐、癫狂、口疮、口臭等疾患，见图87。

商阳穴：位于食指内侧末端，距指甲0.1寸处；属于手阳明大肠经；主治咽喉肿痛、耳鸣耳聋、中风昏迷、热病无汗、下齿痛、青光眼等疾患，见图88。

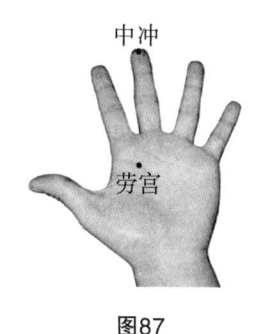

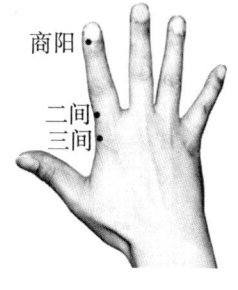

图87

图88

后溪穴：位于握拳时小指外侧根部横纹端；属于手太阳小肠经，为八脉交会穴之一，通于督脉；主治头项疼痛、耳聋、热病、疟疾、癫狂、癫痫、盗汗、目眩、目赤、咽喉肿痛等疾患，见图89。

图89

列缺穴：位于两手虎口相贴，食指端所指向的凹陷处；属于手太阴肺经，亦为八脉交会穴之一，通于任脉；主治咳嗽、气喘、咽喉痛、半身不遂、口眼歪斜、偏头痛、项强痛、牙痛等疾患，见图90。

图90

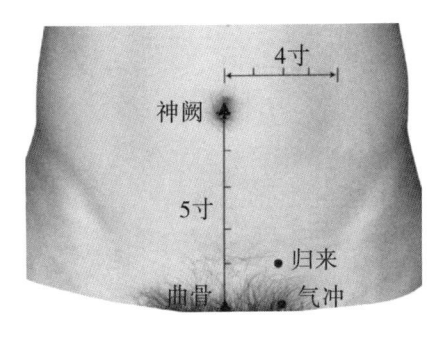

图91

气冲穴：位于腹股沟稍上方，脐中下5寸，左右各旁开2寸处；属于足阳明胃经；主治肠鸣腹痛、疝气、月经不调、不孕、阳痿、外阴肿痛等疾患，见图91。

风市穴：位于直立两手自然下垂，掌心贴于大腿，中指端达到的地方；属于足少阳胆经；主治下肢痿痹、遍身瘙痒、脚气、头痛、眩晕、坐骨神经痛、股外侧皮神经炎、脊髓灰质炎后遗症、下肢瘫痪、荨麻疹等疾患，见图92。

图92

第四式　八方握固 气力增

一、功法名称

八方握固 气力增（8动）

二、规范要求

第一动：两臂下垂　握固

两手大拇指回收，以指端置于无名指根部横纹处，其余四指将大拇指卷握于内（道家称"握固"——以下"握固"要求相同，不再重述），两臂垂于两腿外侧，两拳虎口朝前，左脚横移，两膝屈蹲呈马步状，两足平行，竖腰立顶，抿唇闭口，舌抵上颚，松肩坠肘，背与后融，着意丹田，溜臀提肛，撑裆裹胯，伏兔穴后抽，膝（关）节直屈（稍前倾），两足腾挪（有离地感），平视远方，神舒气畅（以下马步要求相同，不重述）。图93按如下顺序和意念要求默想：

图93

①先默想两个踝关节内侧笑一笑；再想两个踝关节外侧颠一颠；再意想用两根银针同时捻转深刺两个脚踝上方的解溪穴，有触电感时，两拳再随之用力握一握。

②再默想两个膝关节内侧笑一笑；再想两个膝关节外侧颠一颠；再意想用两根银针同时捻转深刺两个腘窝间的委中穴，有触电感时，两拳再随之用力握一握。

③再默想两个髋关节内侧笑一笑；再想两个髋关节外侧颠一颠；再意想用银针捻转深刺两阴之间的会阴穴，有触电感时，两拳再随之用力握一握。

④随即再默想腹内的膀胱等泌尿系统笑一笑；再想两个肾球颠一颠；再意想用银针捻转深刺两肾间的命门穴，有触电感时，两拳再随之用力握一握。

⑤随即再默想胸腔内的肺和心脏笑一笑；再想两个肩胛骨颠一颠；再意想用两根银针先后捻转深刺两个肩胛骨之间的身柱穴和两乳头连线中点的膻中穴，有触电感时，两拳再随之用力握一握。

⑥随即再默想颅腔内的脑组织笑一笑；再想两个耳朵颠一颠；再意想用两根银针同时捻转深刺两个眉毛之间的印堂穴和头后面的脑户穴，有触电感时，两拳再随之用力握一握。

⑦随即再默想腹腔内的肝胆、胰脾等器官笑一笑；再想胃、肠颠一颠；再意想用两根银针同时捻转深刺两耳尖连线中点的百会穴和肚脐内的神阙穴，有触电感时，两拳再随之用力握一握。

第二动：两臂前伸 握固

接上动，两拳握固（握固要求同上）向前平伸，两拳虎口朝上，与肩同高，两下肢姿势不变。图94按下述顺序和意念要求依次默想：

①先默想两个踝关节内侧笑一笑；再想两个踝关节内侧颠一颠；再意想用两根银针同时捻转深刺两个脚踝上方的解溪穴，有触电感时，两拳再随之用力握一握。

②再默想两个膝关节内侧笑一笑；再想两个膝关节外侧颠一颠；再意想用两根银针同时捻转深刺两个腘窝间的委中穴，有触电感时，两拳再随之用力握一握。

图94

③再默想两个髋关节内侧笑一笑；再想两个髋关节外侧颠一颠；再意想用银针捻转深刺两阴之间的会阴穴，有触电感时，两拳再随之用力握一握。

④随即再默想腹内的膀胱等泌尿系统笑一笑；再想两个肾球颠一颠；再意想用银针捻转深刺两肾间的命门穴，有触电感时，两拳再随之用力握一握。

⑤随即再默想胸腔内的肺和心脏笑一笑；再想两个肩胛骨颠一颠；再意想用两根银针同时捻转深刺两个肩胛骨之间的身柱穴和两乳头连线中点的膻中穴，有触电感时，两拳再随之用力握一握。

⑥随即再默想颅腔内的脑组织笑一笑；再想两个耳朵颠一颠；再意想用两

第二章 十四式功法名称、规范要求、健身功效及相关穴位注释

根银针同时捻转深刺两个眉毛之间的印堂穴和头后面的脑户穴，有触电感时，两拳再随之用力握一握。

⑦随即再默想腹腔内的肝胆、胰脾等器官笑一笑；再想胃、肠颠一颠；再意想用两根银针同时捻转深刺两耳尖连线中点的百会穴和肚脐内的神阙穴，有触电感时，两拳再随之用力握一握。

第三动：两臂上举 握固

接上动，两拳握固（握固要求同上）上举，两臂伸直与两耳平行；两下肢姿势不变。图95按下述顺序和意念要求依次默想：

①先默想两个踝关节内侧笑一笑；再想两个踝关节外侧颠一颠；再意想用两根银针同时捻转深刺两个脚踝上方的解溪穴，有触电感时，两拳再随之用力握一握。

②再默想两个膝关节内侧笑一笑；再想两个膝关节外侧颠一颠；再意想用两根银针同时捻转深刺两个腘窝间的委中穴，有触电感时，两拳再随之用力握一握。

图95

③再默想两个髋关节内侧笑一笑；再想两个髋关节外侧颠一颠；再意想用银针捻转深刺两阴之间的会阴穴，有触电感时，两拳再随之用力握一握。

④随即再默想腹内的膀胱等泌尿系统笑一笑；再想两个肾球颠一颠；再意想用银针捻转深刺两肾间的命门穴，有触电感时，两拳再随之用力握一握。

⑤随即再默想胸腔内的肺和心脏笑一笑；再想两个肩胛骨颠一颠；再意想用两根银针同时捻转深刺两个肩胛骨之间的身柱穴和两乳头连线中点的膻中穴，有触电感时，两拳再随之用力握一握。

⑥随即再默想颅腔内的脑组织笑一笑；再想两个耳朵颠一颠；再意想用两根银针同时捻转深刺两个眉毛之间的印堂穴和头后面的脑户穴，有触电感时，两拳再随之用力握一握。

⑦随即再默想腹腔内的肝胆、胰脾等器官笑一笑；再想胃、肠颠一颠；再意想用两根银针同时捻转深刺两耳尖连线中点的百会穴和肚脐内的神阙穴，有触电感时，两拳再随之用力握一握。

第四动：两拳对耳 握固

接上动，两拳握固（握固要求同上）屈肘，使两拳面与两耳相对；两下肢姿势不变。图96按下述顺序和意念要求依次默想：

①先默想两个踝关节内侧笑一笑；再想两个踝关节外侧颠一颠；再意想用两根银针同时捻转深刺两个脚踝上方的解溪穴，有触电感时，两拳再随之用力握一握。

②再默想两个膝关节内侧笑一笑；再想两个膝关节外侧颠一颠；再意想用两根银针同时捻转深刺两个腘窝间的委中穴，有触电感时，两拳再随之用力握一握。

图96

③再默想两个髋关节内侧笑一笑；再想两个髋关节外侧颠一颠；再意想用银针捻转深刺两阴之间的会阴穴，有触电感时，两拳再随之用力握一握。

④随即再默想腹内的膀胱等泌尿系统笑一笑；再想两个肾球颠一颠；再意想用银针捻转深刺两肾间的命门穴，有触电感时，两拳再随之用力握一握。

⑤随即再默想胸腔内的肺和心脏笑一笑；再想两个肩胛骨颠一颠；再意想用两根银针同时捻转深刺两个肩胛骨之间的身柱穴和两乳头连线中点的膻中穴，有触电感时，两拳再随之用力握一握。

⑥随即再默想颅腔内的脑组织笑一笑；再想两个耳朵颠一颠；再意想用两根银针同时捻转深刺两个眉毛之间的印堂穴和头后面的脑户穴，有触电感时，两拳再随之用力握一握。

⑦随即再默想腹腔内的肝胆、胰脾等器官笑一笑；再想胃、肠颠一颠；再意想用两根银针同时捻转深刺两耳尖连线中点的百会穴和肚脐内的神阙穴，有触电感时，两拳再随之用力握一握。

第五动：两臂如山 握固

接上动，两拳握固（握固要求同上）姿势不变，两拳向外平移，展肩，两前臂与地面垂直，两拳虎口向内，两拳面向上，呈山字形；两下肢姿势不变。图97按下述顺序和意念要求依次默想：

①先默想两个踝关节内侧笑一笑；再想两个踝关节外侧颠一颠；再意想

第二章 十四式功法名称、规范要求、健身功效及相关穴位注释

用两根银针同时捻转深刺两个脚踝上方的解溪穴，有触电感时，两拳再随之用力握一握。

②再默想两个膝关节内侧笑一笑；再想两个膝关节外侧颠一颠；再意想用两根银针同时捻转深刺两个腘窝间的委中穴，有触电感时，两拳再随之用力握一握。

③再默想两个髋关节内侧笑一笑；再想两个髋关节外侧颠一颠；再意想用银针捻转深刺两阴之间的会阴穴，有触电感时，两拳再随之用力握一握。

图97

④随即再默想腹内的膀胱等泌尿系统笑一笑；再想两个肾球颠一颠；再意想用银针捻转深刺两肾间的命门穴，有触电感时，两拳再随之用力握一握。

⑤随即再默想胸腔内的肺和心脏笑一笑；再想两个肩胛骨颠一颠；再意想用两根银针同时捻转深刺两个肩胛骨之间的身柱穴和两乳头连线中点的膻中穴，有触电感时，两拳再随之用力握一握。

⑥随即再默想颅腔内的脑组织笑一笑；再想两个耳朵颠一颠；再意想用两根银针同时捻转深刺两个眉毛之间的印堂穴和头后面的脑户穴，有触电感时，两拳再随之用力握一握。

⑦随即再默想腹腔内的肝胆、胰脾等器官笑一笑；再想胃、肠颠一颠；再意想用两根银针同时捻转深刺两耳尖连线中点的百会穴和肚脐内的神阙穴，有触电感时，两拳再随之用力握一握。

图98

第六动：展臂内旋 握固

接上动，两拳握固（握固要求同上）内旋展臂向身体两侧平伸，两拳虎口向下，两足尖内扣，马步姿势不变。图98按下述顺序和意念要求依次默想：

①先默想两个踝关节内侧笑一笑；再想两个踝关节外侧颠一颠；再意想用两根银针同时捻转深刺两个脚踝上方的解溪穴，有触电感时，两拳再随之用力握一握。

②再默想两个膝关节内侧笑一笑；再想两个膝关节外侧颠一颠；再意想用两根银针同时捻转深刺两个腘窝间的委中穴，有触电感时，两拳再随之用力握一握。

③再默想两个髋关节内侧笑一笑；再想两个髋关节外侧颠一颠；再意想用银针捻转深刺两阴之间的会阴穴，有触电感时，两拳再随之用力握一握。

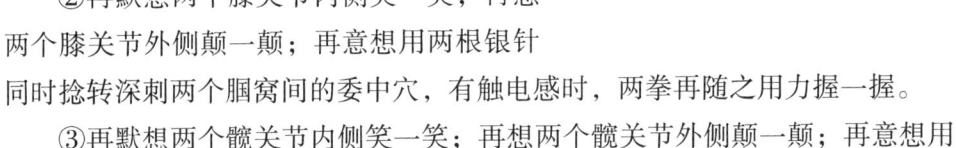

④随即再默想腹内的膀胱等泌尿系统笑一笑；再想两个肾球颠一颠；再意想用银针捻转深刺两肾间的命门穴，有触电感时，两拳再随之用力握一握。

⑤随即再默想胸腔内的肺和心脏笑一笑；再想两个肩胛骨颠一颠；再意想用两根银针同时捻转深刺两个肩胛骨之间的身柱穴和两乳头连线中点的膻中穴，有触电感时，两拳再随之用力握一握。

⑥随即再默想颅腔内的脑组织笑一笑；再想两个耳朵颠一颠；再意想用两根银针同时捻转深刺两个眉毛之间的印堂穴和头后面的脑户穴，有触电感时，两拳再随之用力握一握。

⑦随即再默想腹腔内的肝胆、胰脾等器官笑一笑；再想胃、肠颠一颠；再意想用两根银针同时捻转深刺两耳尖连线中点的百会穴和肚脐内的神阙穴，有触电感时，两拳再随之用力握一握。

第七动：展臂外旋 握固

接上动，两拳握固（握固要求同上）两臂平展姿势位置均不变，两臂外旋，使两拳心翻转向上，两拳虎口朝后，两足尖外展，马步姿势不变。图99按下述顺序和意念要求依次默想：

①先默想两个踝关节内侧笑一笑；再想两个踝关节外侧颠一颠；再意想用两根银针同时捻转深刺两个脚踝上方的解溪穴，有触电感时，两拳再随之用力握一握。

②再默想两个膝关节内侧笑一笑；再想两个膝关节外侧颠一颠；再意想用两根银针同时捻转深刺两个腘窝间的委中穴，有触电感时，两拳再随之用力握一握。

图99

③再默想两个髋关节内侧笑一笑；再想两个髋关节外侧颠一颠；再意想用银针捻转深刺两阴之间的会阴穴，有触电感时，两拳再随之用力握一握。

④随即再默想腹内的膀胱等泌尿系统笑一笑；再想两个肾球颠一颠；再意想用银针捻转深刺两肾间的命门穴，有触电感时，两拳再随之用力握一握。

⑤随即再默想胸腔内的肺和心脏笑一笑；再想两个肩胛骨颠一颠；再意想用两根银针同时捻转深刺两个肩胛骨之间的身柱穴和两乳头连线中点的膻中穴，有触电感时，两拳再随之用力握一握。

⑥随即再默想颅腔内的脑组织笑一笑；再想两个耳朵颠一颠；再意想用两根银针同时捻转深刺两个眉毛之间的印堂穴和头后面的脑户穴，有触电感时，两拳再随之用力握一握。

⑦随即再默想腹腔内的肝胆、胰脾等器官笑一笑；再想胃、肠颠一颠；再意想用两根银针同时捻转深刺两耳尖连线中点的百会穴和肚脐内的神阙穴，有触电感时，两拳再随之用力握一握。

第八动：两拳对脐 握固

接上动，两拳握固（握固要求同上），两拳回收至肚脐两侧，虎口向上，两拳面相对，同时两足尖回收至平行状态，马步姿势不变（图100）。按下述顺序和意念要求依次默想：

①先默想两个踝关节内侧笑一笑；再想两个踝关节外侧颠一颠；再意想用两根银针同时捻转深刺两个脚踝上方的解溪穴，有触电感时，两拳再随之用力握一握。

图100

②再默想两个膝关节内侧笑一笑；再想两个膝关节外侧颠一颠；再意想用两根银针同时捻转深刺两个腘窝间的委中穴，有触电感时，两拳再随之用力握一握。

③再默想两个髋关节内侧笑一笑；再想两个髋关节外侧颠一颠；再意想用银针捻转深刺两阴之间的会阴穴，有触电感时，两拳再随之用力握一握。

④随即再默想腹内的膀胱等泌尿系统笑一笑；再想两个肾球颠一颠；再意想用银针捻转深刺两肾间的命门穴，有触电感时，两拳再随之用力握一握。

⑤随即再默想胸腔内的肺和心脏笑一笑；再想两个肩胛骨颠一颠；再意想用两根银针同时捻转深刺两个肩胛骨之间的身柱穴和两乳头连线中点的膻中穴，有触电感时，两拳再随之用力握一握。

⑥随即再默想颅腔内的脑组织笑一笑；再想两个耳朵颠一颠；再意想用两根银针同时捻转深刺两个眉毛之间的印堂穴和头后面的脑户穴，有触电感时，两拳再随之用力握一握。

⑦随即再默想腹腔内的肝胆、胰脾等器官笑一笑；再想胃、肠颠一颠；再意想用两根银针同时捻转深刺两耳尖连线中点的百会穴和肚脐内的神阙穴，有触电感时，两拳再随之用力握一握。

然后，起身，左脚向右脚靠拢，恢复自然站立姿势，闭上眼睛，把本单元上述八动中所有意念全部忘掉，下意识地对上述意念进行"清零"，静一静，使自己的身心完全从"常有欲，以观其徼"进入"常无欲，以观其妙"的先天自然状态，待头部有松空感时，可做几次抖腕、提膝和随意拍打的放松运动，开始练习下一式（见图55~图86）。

三、健身功效

①此式在马步站立的情况下，通过八个不同方向的"握固"动作，可有效锻炼握力、两腿和两臂的力量；②每个动作分七个念力点和在每个念力点上的四种意念练法，可有效激发锻炼内气爆发点和运行路线的随意功能，锻炼化打合一的整劲；③通经化瘀，安魂壮魄，提高健身治病和防身抗暴的功能。

四、相关穴位

伏兔穴：位于屈膝成90°，以对侧手掌后第一横纹中点，按在髌骨上缘中点，手指并拢压在大腿上，中指尖端所达之处；属于足阳明胃经；主治腿痛、下肢不遂、脚气、疝气、腹胀等。见图101。

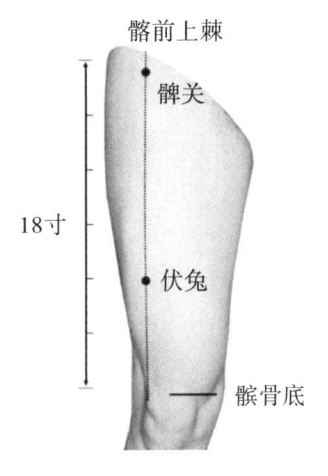

图101

第二章 十四式功法名称、规范要求、健身功效及相关穴位注释

解溪穴：位于足背与小腿交界处的横纹中央凹陷中；属于足阳明胃经；主治头疼、眩晕、癫狂、腹胀、便秘、下肢痿痹、目赤等。见图102。

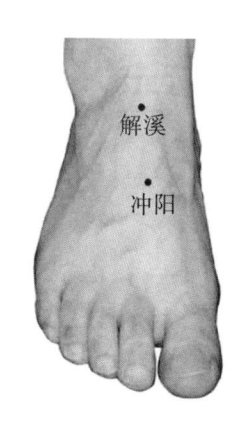

图102

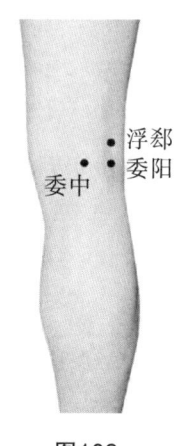

图103

委中穴：位于膝关节后腘窝横纹中点；属于足太阳膀胱经；主治腰疼、下肢痿痹、中风昏迷、半身不遂、腹痛、呕吐、腹泻、小便不利、遗尿、丹毒等。见图103。

会阴穴：位于二便之间中点；属于任脉；主治小便不利、遗尿、遗精、阳痿、痛经、月经不调等。见图104。

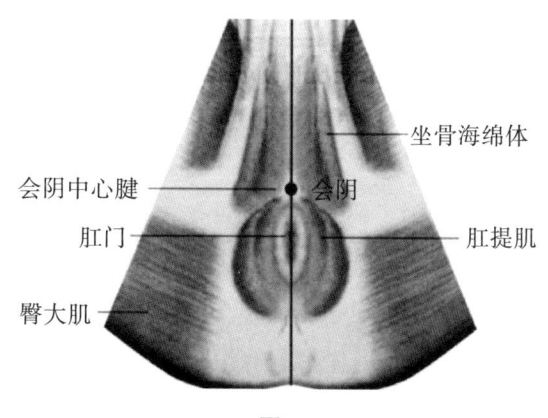

图104

39

命门穴：位于腰部正中线与前面肚脐相对的位置；属于督脉；主治遗精、阳痿、带下、遗尿、尿频、月经不调、泻泄、腰脊强痛、手足逆冷等。见图105。

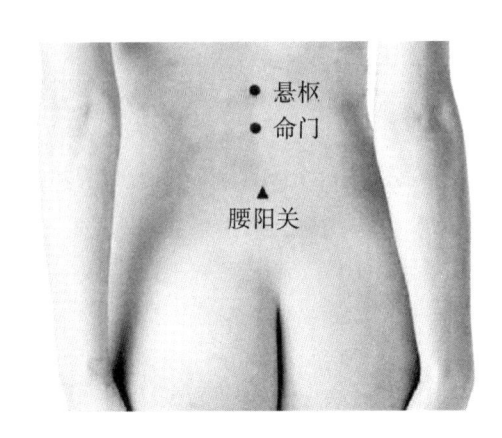

图105

身柱穴：位于背部正中线第三胸椎棘突下凹陷中；属于督脉；主治咳嗽、气喘、癫痫、脊背强痛等。见图106。

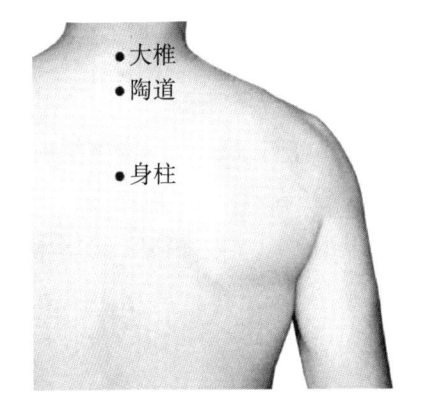

图106

膻中穴：位于两乳头连线的中点；属于任脉；主治咳嗽、气喘、胸痛、心悸、乳少、呕吐、噎膈等。见图107。

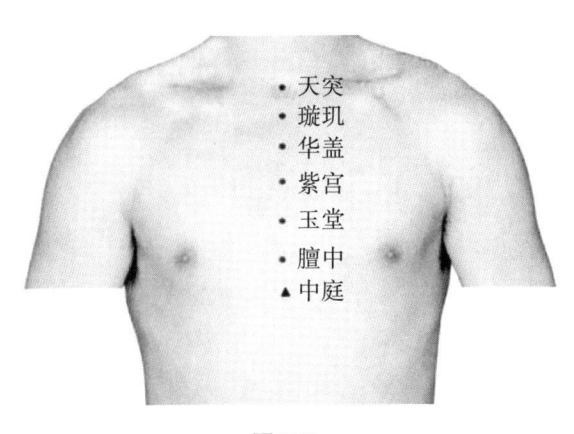

图107

第二章 十四式功法名称、规范要求、健身功效及相关穴位注释

印堂穴：位于两眉之间连线的中点；属于经外奇穴；主治头疼、眩晕、鼻衄、失眠等。见图108。

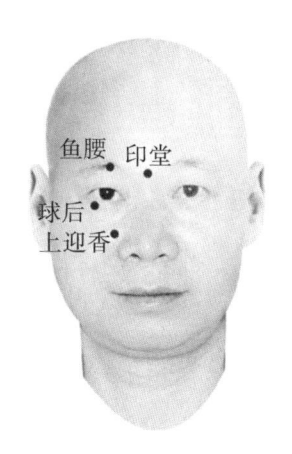

图108

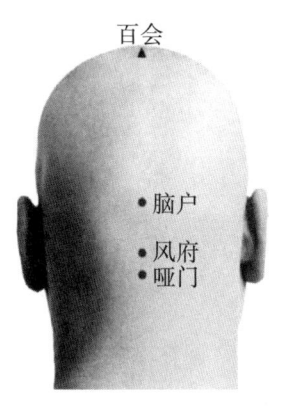

图109

脑户穴：位于头部后发际正中直上2.5寸，枕外隆凸上缘凹陷处；属于督脉；主治头痛、项痛、目眩、癫痫、高血压、视神经炎等。见图109。

神阙穴：位于腹中部，肚脐中央；属于任脉；主治腹痛、泻泄、脱肛、水肿、虚脱等。见图110。

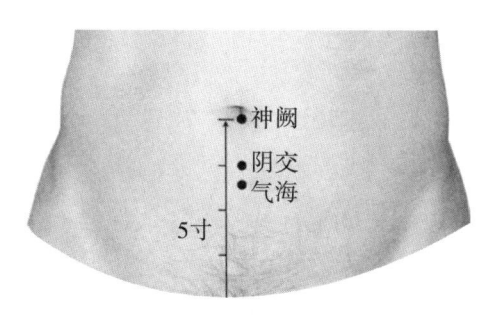

图110

第五式　撑肩长腰　宁心血

一、功法名称

撑肩长腰　宁心血（7动）

二、规范要求

第一动：两拳握固　对肩井

接上式，两足自然站立，两拳握固姿势不变，两拳向上移动至拳面与肩井穴上下相对，转肩、挺腰、观天、深吸气，两肘尖朝天。两拳在向上移动的过程中，要随着吸气缓慢加力紧握，至吸气到极限时，憋住气（两拳仍不得松力），在憋气至极限时开始缓慢呼气，两拳继续用力内握，呼尽时头和上体复原，但两拳仍不得松力（继续以意念不停地向内紧握）（图111、图112）。

图111　　　　　　　图112

第二动：两拳握固 对颈部

接上动，开始缓慢地深吸气，两拳随着吸气继续不停地用力紧握，同时两臂内旋，两肘外展，使拳面与颈部平行，两肘外展至拳面与颈部平行时吸气尽，尽量憋住气（两拳不得松力），在憋气至极限时开始缓慢呼气，两拳继续用力内握，呼尽时两拳随降至两肩前，但两拳仍不得松力，要以意念不停地向内紧握（图113、图114）。

图113 　　　　　　　　　　图114

第三动：两拳握固 对两腋

接上动，随即开始缓慢地深吸气，两拳随着吸气继续不停地用力紧握，并同时外旋下降、上提，至两拳面对向两腋下的极泉穴，恰好吸气已至极限，尽量憋住气（两拳不得松力），在憋气至极限时开始缓慢呼气，两拳姿势、位置均不变，随着呼吸继续用力内握，同时向身后移动至两拳背紧贴背部，呼尽时两拳仍不得松力，要以意念不停地向内紧握（图115）。

图115

第四动：两拳握固 对后背

接上动，两拳随着深吸气，继续不停地用力紧握，同时随着吸气挺胸，吸气至极限时，尽量憋住气（两拳亦不得松力），在憋气至极限时开始缓慢呼气，两拳继续用力内握，呼尽时，两拳随移至腰肾部位，但两拳仍不得松力，要继续以意念不停地紧握（图116）。

图116

第五动：两拳握固 对腰肾

接上动，随即挺腰深吸气，吸气至极限时，尽量憋住气（两拳亦不得松力）在憋气至极限时开始缓慢呼气，两拳继续用力内握，并随着呼气向下垂直落至两大腿外侧，呼尽时虎口向内，拳心向后，但两拳仍不得松力，要继续向内紧握（图117、图118）。

图117 　　　　　　　　　　图118

第六动：两拳握固 仰身举

接上动，随即深吸气，两臂和上体随着吸气极力向上、向后仰伸至极限时，吸气尽，尽量憋住气（两拳亦不得松力），在憋气至极限时，开始缓慢呼气，两拳继续用力内握，随着呼气上体前俯，两臂姿势不变，两拳不得松力，随俯身向前伸够到极限时呼气尽（图119~图121）。

图119

图120

图121

第七动：两拳握固 俯身举

接上动，缓慢深吸气，两臂随之降至两大腿外侧，并继续向后上方直臂反上伸举，两腿崩直，腰背勿屈，两臂与上体平行，髋关节成90°，吸气尽，尽量憋住气（两拳亦不得松力），在憋气至极限时，开始缓慢呼气；同时起身直立，两拳随之降至两大腿外侧，虎口向内，恢复自然呼吸，两拳十指松开，调匀呼吸，开始练下一式（图122~图124）。

图122

图123 　　　　　　　　　图124

三、健身功效

本式通过七个动作，以两拳向身体各个方位的绕转、抻拉肩、肘、腕关节的韧带，可提高其柔韧性和力量，刺激肩臂周围所有经络穴位，防治肩、肘、腕部关节易发的疾患和退行性病变；通过习练独特的"握固"方法，可以促进侧支循环，防治心脑血管淤堵。

四、相关穴位注释

极泉穴：位于上臂外展，在腋窝顶点，腋动脉搏动处；属于手少阴心经；主治心疼、心悸、肩臂疼痛、胁肋疼痛等。见图125。

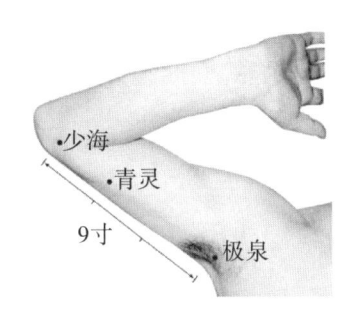

图125

第六式 扣齿揉邪 击膻中

一、功法名称

扣齿揉邪 击膻中

二、规范要求

接上式，改为自然呼吸，自然站立，两拳松握向上平提至与膻中穴平行，距离30厘米左右，两拳面之近节指骨根部要与八邪穴相互贴紧咬合，调整呼吸（图126）。

图126

呼吸调匀后，以扣齿带动两拳向内平移，边平移边用力握拳，边咬合顶揉八邪穴（名曰"揉八邪"），边用力撞击膻中穴。每扣一次齿，撞击一次膻中穴，分别扣齿、撞击膻中穴7次，亦同时用力握拳7次，两拳的近节指骨根部咬合顶揉八邪穴7次（图127）。

图127

三、健身功效

经常按规范要求练习此式，可固齿生津，补肾健脑，提神益智，通宣理肺，强心壮骨。

四、相关穴位

八邪穴：位于手背五指间的缝纹端，左右手共八个穴，是虚邪贼风易侵之地；属于经外奇穴，经常揉顶刺激八邪穴可防治头疼、项痛、咽喉痛、齿痛、目痛、手背痛、手指麻木、烦热等疾患；经常揉撞八邪穴还可有效提高两拳向前撞击的力量和硬度，提高技击能力。见图128。

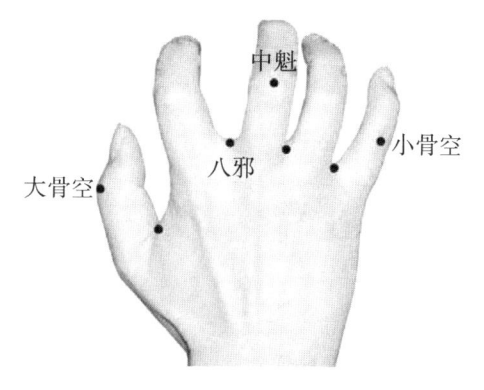

图128

五、扣齿注释

"齿为骨之余",长练扣齿可以固肾,可以强筋壮骨。齿坚则肾气运达,心神清爽,骨髓盈满,百病不生;现代医学理论认为,常练扣齿,可以使牙周组织得到锻炼,使人健美;常扣齿可以使脑部骨骼和脑组织放松、除胀、化淤;可以健脑、益智、提神、生津;扣齿亦是沟通天地阴阳之法,常扣齿可平衡阴阳。

第七式　吞津念诀 安脏腑

一、功法名称

吞津念诀 安脏腑（1 动）

二、规范要求

接上式,两拳撞击膻中穴7次后,两手近节指骨根部紧贴八邪穴,两拳虎口紧贴膻中穴停止不动。

开始以舌尖逆时针方向绕摩齿外牙龈五次,再顺时针方向绕摩齿外牙龈五次,然后以舌尖逆时针方向绕摩齿内牙龈五次,再顺时针方向绕摩齿内牙龈五次,然后再以舌尖向上贴着上腭向后画立圆五次,再向前反方向画立圆五次;以上下齿适度扣咬舌体,先扣咬舌尖五次,然后分别适度扣咬两侧舌边各五次,然后再以舌尖从齿外向上抵住上唇系带,用上齿适度扣咬舌体中后部五次;这时已经唾液满口,随即再用意念想象往口中放入一粒乌梅,用唾液将其鼓漱、融化后,用意念控制下咽至膻中穴,随即以"静、绵、深、长"的深吸气为动力,推动两拳向两侧缓慢平行抻拉,乌梅液（唾液）亦随着向四面八方雾化洇润,洇润至胸腔内外的脏腑组织、肌肉细胞、血管和皮毛（含肩、背、臂、手）时,两肩关节亦拉至极限,乌梅雾气亦正好已全部泅润到位,这时要憋住气(图129);适度闭息后,再进行"悠、缓、细、匀"的缓慢呼气,并随着呼气默念"咽(发丝音)、吹、嘘、呵(发渴音)、呼、嘻"道家养生长寿六个字秘诀。两拳要随着呼气和默念缓慢回到原位(膻中穴)(图130)。

图129

图130

然后再用意念想象再往口中放入一粒乌梅,进行鼓漱、融化后,将第二口乌梅液(唾液)咽至小腹内,两拳亦随之降至肚脐前(八邪穴仍然要与两掌近节指骨根部相贴,两拳虎口贴近肚脐的位置)(图131),随即用意念进行雾化,边雾化边以"静、绵、深、长"的深吸气为动力,推动两拳向小腹两侧缓慢平行抻拉,被雾化的乌梅气亦随着向腹腔内四面八方泅润,泅润至腹腔内外的脏腑组织、肌肉、细胞、血管和皮毛(含腰、背、尾、骶)时,两肩关节亦拉至极限,乌梅之雾气亦正好已全部泅润到位,这时要憋住气(图132);适度闭息后,再一次进行"悠、缓、细、匀"的缓慢呼气,并随着呼气第二次默念"咽(发丝音)、吹、嘘、呵(发渴音)、呼、嘻"道家养生长寿六个字秘诀,两拳要随着呼气和默念缓慢回到肚脐前(八邪穴仍然要与两掌近节指骨根部相贴,两拳虎口贴近肚脐的位置)(图133)。

第二章　十四式功法名称、规范要求、健身功效及相关穴位注释

图131　　　　　　　　图132　　　　　　　　图133

　　随即再意想向口中放入第三粒乌梅，进行鼓漱、融化后，再将第三口乌梅液（唾液）咽至会阴穴，两拳亦随之降至小腹下耻骨前（八邪穴仍然要与两掌近节指骨根部相贴，两拳虎口贴近耻骨的位置）（图134），随即用意念进行雾化，边雾化边以"静、绵、深、长"的深吸气为动力，推动两拳向小腹两侧缓慢平行抻拉，被雾化的乌梅气，亦随着向两下肢内外上下四面八方泅润，泅润至两大腿内外的肌肉细胞、血管和皮毛（含两足）时，两肩关节亦拉至极限（图135），乌梅之雾气亦正好已全部泅润到位，这时要憋住气；适度闭息后，再一次进行"悠、缓、细、匀"的缓慢呼气，并随着呼气第三次默念"呬（发丝音）、吹、嘘、呵（发渴音）、呼、嘻"道家养生长寿六个字秘诀，两拳要随呼气和默念缓慢回到耻骨前（八邪穴仍然要与两掌近节指骨根部相贴，两拳虎口贴近肚脐的位置）（图136）。

图134　　　　　　　　图135　　　　　　　　图136

然后，左足向右靠拢，恢复自然站立姿势，闭上眼睛，把本单元上述五、六、七三式中所有意念全部忘掉，下意识地对上述意念进行"清零"，静一静，使身心完全从"常有欲，以观其徼"进入到"常无欲，以观其妙"的先天自然状态，待头部有松空感时，即可做几次抖腕，提膝和随意拍打的放松运动，开始练习下一式，见图55~图86。

三、健身功效

经常按规范要求练习此式，可综合均衡调理，滋养强壮五脏六腑；提高消化吸收，吐故纳新的功能；提高免疫力，防老抗衰，防病治病，益寿延年。

四、相关知识

舌体，舌乃"脾胃之外候"，脾为气血生化之源，是人的后天之本。练舌可以健脾养胃，能吃能睡。舌是"心之苗窍"，"心通于舌"，练舌可以调和心血，"心和则舌能知五味"。

从经络运行来看，舌与五脏六腑都有直接或间接的关系。舌尖属心肺，舌边属肝胆，舌中属脾胃，舌根属肾。脏腑的精气上营于舌，脏腑的病变也可以从舌象的变化中反映出来。

舌体是人体健康与否的一面"镜子"。中医通过望舌观察人体气血津液的盛衰，了解病情的进退，判断病位的深浅，区分疾病的性质；"舌为肉之梢"。按本功法的意念要求，经常锻炼舌体，可以以局部带动全身，使周身肌肉、五脏六腑、血管经络、颜面五官从内部受到旋转和咬、扣振动的刺激，趣味无穷，康乐健美，有健身治病的效果。

唾液，"白玉齿边有玉泉，涓涓育我度长年"。唾液，历代练功家、养生家都视为健身之宝，并形容为"金津""玉液""琼浆""玉浆""玉泉""灵液""神水"等；"活"字由"千口"和"水"组成，我们从中可以悟出古人给予唾液的养生地位。即舌边能生水，舌有水则活，多练口水则可以长生。

"唾为肾之液"。练唾可以强化肾的功能，肾属水，按五行相生相克的道理，万物水中生，练唾液可以强化肾的功能，肾水充盈可以养肝、补心、健脾养胃、宣通肺气。

肾为先天之本，脾为后天之本。一切津液都要靠胃肠对饮食水谷的消化和吸收，再通过脾的"运化"、肺的"宣发""肃降"、肾的"蒸腾""升清"和"降浊"来生成。唾液通过"扣齿""转舌"等意念锻炼，通过上述大体过程产生出来，使整个内脏机能、神经系统得到锻炼，然后再把唾液咽下去，"津能载气"，唾液带着各种"信息""营养"进入身体各部，起到消化、滋阴、降火、解毒、滋润、濡养的作用，犹如昼夜更替，四季循环，沿着生—化、化—生的良性循环过程，使人体素质不断提高。

现代医学的研究成果表明，唾液里所含的物质，不仅有助于消化，而且可以增加凝血酶原，杀死或抑制外来细菌，可以防癌、治癌，可以增强人体对各种疾病的免疫能力，增强身体神经机能。

乌梅，药性为酸、涩、平；归肝、脾、肺、大肠经；它有敛肺止咳、涩肠止泄、生津止渴等作用。

道家养生长寿六字秘诀可有效调理脏腑，预防和治疗各脏腑的功能性病变。笔者在多年的教学实践中，深深体会到"道家养生长寿六字秘诀"对常见的脏腑疼痛、上火、烦躁等症状都有疗效。多年前，笔者曾发表过一篇短文，题目就叫《默念六字言，善治痛、火、烦》。

"呬"字主肺，常默念此字，能有效调理肺经气血之阴阳失衡。

"吹"字主肾，常默念此字，能有效调理肾经气血之阴阳失衡。

"嘘"字主肝，常默念此字，能有效调理肝经气血之阴阳失衡。

"呵"字主心，常默念此字，能有效调理心经气血之阴阳失衡。

"呼"字主脾，常默念此字，能有效调理脾经气血之阴阳失衡。

"嘻"字主三焦，常默念此字，能有效调理三焦经气血之阴阳失衡。

第八式　遁土观水 壮五行

一、功法名称

遁土观水 壮五行（1动）

二、规范要求

接上式，自然站立，两臂外旋缓慢向上平举至头顶上方；随之两手内合至两手指甲盖相贴；再随之松脚踝、松膝盖、松胯、松腰、松肩、松肘、松手，屈膝下蹲，两手背相贴，随下蹲之势于膝前向下极力插伸，想象两手臂变成两个巨大的机械臂，一直插到土层深处（图137~图139）。

图137

图138 　　　　　　　　图139

第二章　十四式功法名称、规范要求、健身功效及相关穴位注释

然后用力向前、向身体两侧、向身后挺身分拨；边分拨边起身，待两腿立直时，两手背恰好移至腰背，挺身观望，一个巨大的湖泊雏形展现在眼前（图140~图143）。

图140

图141

图142

图143

随即按上述要求做第二次蹲身下插，见图137~图139。随即再按上述要求做第二次开挖、分拨，挺身观望，眼前状似湖泊的大坑又深大了很多，地面已开始出现明水，见图140~图143。

随即再按上述要求做第三次蹲身下插，见图137~图139。随即再按上述要求做第三次开挖、分拨，挺身观望，眼前巨大的状如湖泊似的深坑，就像被挖透了一样，地下数不清的泉水从四面八方向空中高速拱冒、喷发，刚刚挖就的湖泊似的深坑瞬间变成了一片汪洋，形成了一个碧波荡漾、清澈见底的大湖。想象湖岸四周处处垂柳依依、花草芬芳，湖中倒影缥缈、群鱼漫游，顷刻进入了一种忘我无为的仙境，然后调匀呼吸开始练习下一式，见图140~图143。

三、健身功效

经常意想遁土可以调理脾胃，提高消化吸收的功能；经常意想观水或拨水可以补心安神，对循环系统、神经系统多有裨益；经常做遁土观水或拨水的动作可以平衡阴阳，强壮五行。

第九式 潜水戏鱼 生童趣

一、功法名称

潜水戏鱼 生童趣（1动）

二、规范要求

接上式，观景生情，又像回到童年，两手合掌前伸，情不自禁地纵身潜入水中，很快有不同品种、不同颜色、大小不一的鱼群游过来与自己相戏，兴奋地以两手由内向外、由外向内，复再屈膝下蹲，两手由内向外、由外向内在鱼群中反复摸抚圈捞，群鱼各个摇头摆尾，左右矫健躲闪，情趣昂然，童心焕发（图144~图149）。

第二章 十四式功法名称、规范要求、健身功效及相关穴位注释

图144 　　　　　　　　图145 　　　　　　　　图146

图147 　　　　　　　　图148 　　　　　　　　图149

　　然后意想起身出水换气，俯身，两腿绷直，两手先以中指同时用力依次上下尽兴按揉位于两小腿后面腘窝下面的合阳穴和两膝后面的委中穴；随即两手前移，再以两手的中指和大指上下同时用力尽兴按揉两膝外侧下面的阳陵泉穴和内侧下面的阴陵泉穴；随即立身屈膝两手上移，再以两手的中指和食指上下同时用力尽兴按揉两膝前外下侧的犊鼻穴和内下侧的内膝眼穴；随即再立身两手向上移动，以两掌根尽兴同时用力按揉两膝上中的鹤顶穴；绕膝揉摩后，两手贴两大腿前想象是从水中向上起身直立，两手自然下垂，要想象自己是从水中长出的一支芙蓉花，眉开眼笑（图150~图156）。然后再第二次如前述要求入水、戏鱼、绕膝揉摩、起身出水换气；然后再第三次如前述要求入水、戏鱼、绕膝揉摩、起身出水换气，调匀呼吸，开始练习下一式。

57

易筋洗髓返还功

图150

图151

图152

图153

图154

图155

图156

58

三、健身功效

经常按规范要求练习此式，可焕发童心，填精补髓，强健腰膝，延年益寿。

四、相关穴位

合阳穴：位于腘横纹中点直下两横指处；属于足太阳膀胱经；主治腰脊强痛、下肢痿痹、疝气、月经不调、前列腺炎、睾丸炎等。见图157。

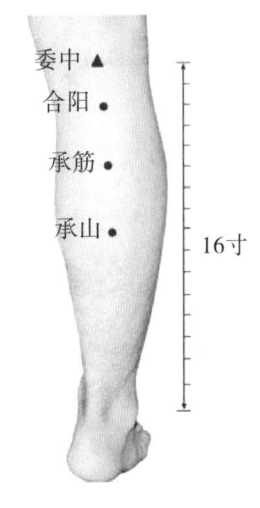

图157

阴陵泉穴：位于膝关节内侧下方凹陷处；属于足太阴脾经；主治腹胀、水肿、小便不利或失禁、阴痛、遗精、膝痛、黄疸等。见图158。

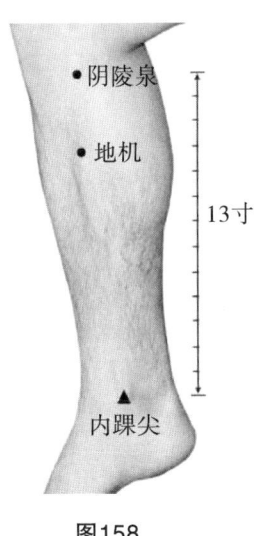

图158

犊鼻穴，位于正坐屈膝，成90°，在膝盖外侧凹陷处，亦称外膝眼；属于足阳明胃经；主治膝痛、膝关节屈伸不利、下肢麻痹等。见图159。

内膝眼，位于正坐位屈膝成90°，在膝盖内侧凹陷处，与犊鼻穴相对；属于经外奇穴；主治膝关节疼痛、腿痛、脚气等。见图159。

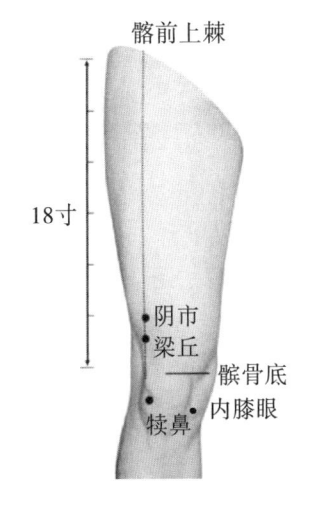

图1159

鹤顶穴，正坐屈膝成90°，在膝盖上方凹陷处；属于经外奇穴；主治膝关节疼痛、腿足无力、脚气等。见图160。

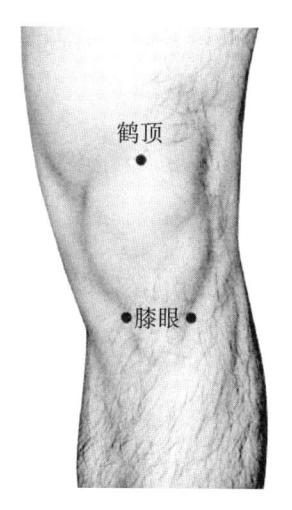

图160

第十式　洗髓涤腑　除痼疾

一、功法名称

洗髓涤腑 除痼疾（1动）

二、规范要求

接上式，两足自然站立，两手向前想象插入水中，再向上举过头顶，变成两个喷头，从头顶至脚，进行细致认真的整体外部喷洗，边洗两手边下降至两大腿外侧（图161~图167）；接着再第二次重复上述过程，不同之处是这次清洗是意想细致认真地喷洗颅腔、胸腔、腹腔和两腿内部的全部组织。边洗两手边下降至两大腿外侧，外形运动过程与前者相同；接着再第三次重复上述过程，不同之处是这次清洗是意想先把全部脑组织移至面前，进行细致认真的喷洗，清洗完毕复原（图168、图169）；接着再意想将心、肺等移至胸前，进行细致认真的喷洗，清洗完毕复原（图170、图171）；接着再意想将腹腔内全部脏腑移至腹前，进行细致认真的喷洗，清洗完毕复原，调匀呼吸，开始练习下一式（图172~图174）。

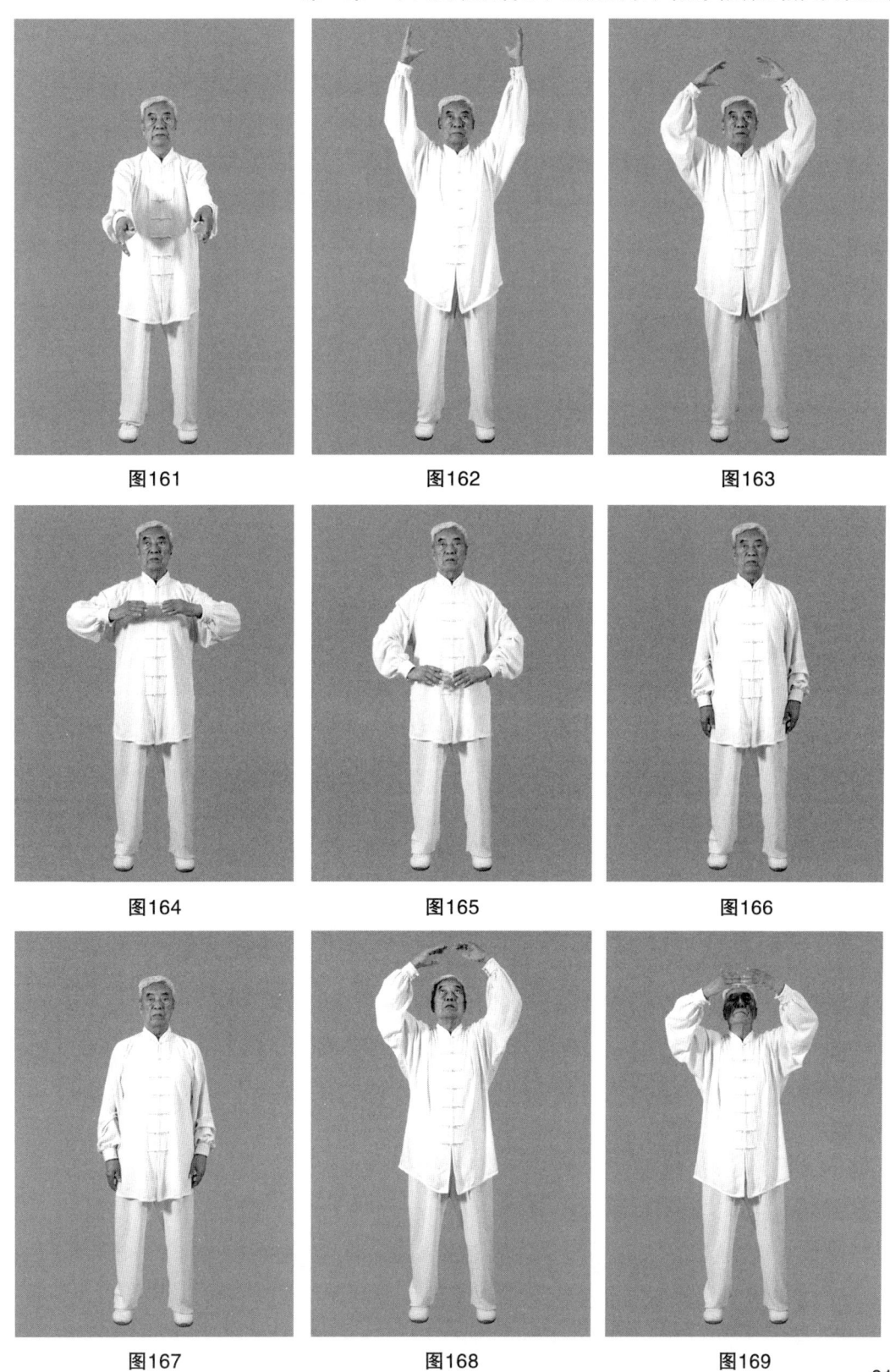

第二章 十四式功法名称、规范要求、健身功效及相关穴位注释

图161

图162

图163

图164

图165

图166

图167

图168

图169

61

易筋洗髓返还功

图170  　　　　　　　　图171

图172 　　　　　图173 　　　　　图174

三、健身功效

经常按规范要求练习此式，一可有效地通经活络、活血化瘀；二可清理内部环境，化除沉疾固患；三可提高免疫功能，预防各种疾患。

第二章　十四式功法名称、规范要求、健身功效及相关穴位注释

第十一式　抖翎擞毛　惊魂魄

一、功法名称

抖翎擞毛　惊魂魄

二、规范要求

接上式，意想通过上述良性意念对全身脏腑精心细致地清洗，像是给自己的高档爱车进行一次全面保养，一种美好欲试的激情，促使自己不由自主地做如下动作：左足横移，屈膝下蹲，马步展臂，用力尽情抖动两个踝关节，然后依次向上用力尽情抖动两个膝关节、髋关节、腰椎、胸椎、颈椎、肩关节、肘关节、腕关节；待两个腕关节抖动完毕，再依次用力尽情向回抖动两个肘关节、肩关节、颈椎、胸椎、腰椎、髋关节、膝关节、踝关节；待两个踝关节抖动完毕，再进行一次以腰为中心的快速用力地全身抖动，抖动时要注意效仿公鸡抖翎或驴马擞毛时那种皮抖肉不动的功夫（图175、图176）。

图175　　　　　　　　图176

按上述规范要求反复抖擞三次，练毕起身自然站立，调匀呼吸，开始练习下一式。

三、健身功效

经常按规范要求练习此式，一可通经化瘀、强健脏腑、滑利关节；二可增强肌肉和韧带的弹性和爆发力，既能祛病强身，又能防身抗暴。

第十二式　呼吸天地 体还童

一、功法名称

呼吸天地 体还童（3动）

二、规范要求

（一）上举下坠快呼吸

接上式，双手握固，凝神聚力，快速用力收缩鼻翼，深吸气，同时提起足跟，两拳心相对直臂上举，以冲天之势助力，重心移至两前脚掌，身体随之稍向前倾，站稳，适当闭息。吸气时鼻翼尽量内合，使鼻腔收缩相贴，要发出吸气的声音（图177）。然后用力、快速以鼻呼气，同时屈膝坐胯、沉肩坠肘（两拳心转向后）、足跟落地、足尖翘起，以坠地之势助力。呼气时鼻翼放松复原，同时要发出呼气的声音（图178）。

一起（吸气）一落（呼气）为一次，共做三次，练毕起身自然站立。

第二章　十四式功法名称、规范要求、健身功效及相关穴位注释

图177

图178

（二）蓄哈发哼震寰宇

连续做两次。

第一次，屈右膝，松右胯，左足向左前移，足尖虚着地面，呈左虚步，左臂向前伸，左掌掌心向内，掌指朝前，自然松舒，右臂屈肘向后抽，同时用力发"哈！"以蓄劲（图179）；随即屈左膝，蹬右足，呈左弓步，同时右掌以掌跟用力向前推拥，四指上竖，松腰坐胯，左臂屈肘回收，置于腰胯间，同时闭口以鼻腔用力发"哼！"以助其力（图180）。

图179

图180

第二次，重心后移，屈膝坐胯，呈左虚步，右掌向回收，左掌向前伸，同时收腹用力发"哈！"以蓄劲（图181）；随即屈左膝，蹬右足，呈左弓步，同时右掌以掌跟用力向前推挤，四指上竖，松腰坐胯，左臂屈肘回收，置于腰胯间，同时鼓腹闭口以鼻腔用力发"哼！"以助其力（图182）。

图181 　　　　　图182

左侧连续做两次，再按上述要求重复做两次右侧的"蓄哈发哼"的运动（图183~图187）。

图183 　　　　图184 　　　　图185

图186 　　　　　　　　　　图187

（三）按地腾空展四肢

接上动，两掌撑地，纵身上跳腾空，同时四肢向身体两侧同时伸展撑蹬，又叫双飞燕，共做两次。此式欲达到规范要求，难度较大，不宜在老年人和有高血压、心脑血管疾病的人群中推广，年老多病者欲练此式，动作要轻柔缓慢，不要用力纵跳和撑蹬，要用意不用力，（图188、图189）。

图188 　　　　　　　　　　图189

三、健身功效

经常按规范要求练习此式，可有效增大肺活量，振奋精神，壮大气魄，强筋健骨，补肾壮阳，既有极好的祛病强身作用，又有极强的防身抗暴功效。

第十三式　踩云回看　神仙势

一、功法名称

踩云回看 神仙势

二、规范要求

接上式，想象自己站在一片祥云上（脚踏祥云身自玄），两脚不断地左右移动变换重心，周身放松，同时举头拎椎，吊直身躯，扭头向后观看，左右重复三次，然后两肾左右慢慢相找，两足随之慢慢靠拢，恢复预备势（图190~图193）。

图190　　　　　　　　图191

第二章 十四式功法名称、规范要求、健身功效及相关穴位注释

图192　　　　　　　　　图193

随即，闭上眼睛，把本单元第八式至第十三式六式中所有意念全部忘掉，下意识地对所有意念进行"清零"，静一静，使身心完全从"常有欲，以观其徼"进入"常无欲，以观其妙"的先天自然状态，待头部有松空感时，即可做几次抖腕、提膝和随意拍打的放松运动，然后开始练习下一单元，见图55~图86。

三、健身功效

此式不仅是整个功法的整理运动，也是很好的健身功法。经常坚持按规范要求练习此式，一可有效调整颈椎和脊椎力学失衡，防治颈椎和脊椎的各种疾患；二可舒肝理气、清心明目、益智安神，对高血压、高血脂、高血糖的防治亦有裨益。

第十四式　太极按摩　气归经

一、功法名称

太极按摩　气归经（10动）

69

二、规范要求

此式即整个功法的收式，上述功法练毕，要用此法进行全身按摩以回收心意、回收营养、纳气归经。本按摩法与诸家按摩法均有不同，其特点是利用太极拳缱绻自如的意念和方法，进行循经的周身各部位的按摩，所以也叫太极按摩术或缱绻按摩法或周身按摩法。本功法如果作为独立功法单独练习，则有"狠"（想虎啸的形象，意入骨髓）、"重"（想横空出世的大山，意透肌肤）、"轻"（想朵朵白云的蓝天，意擦汗毛）、"离"（想西山悬磬之声，手离皮肤，以气按摩）、"念"（无动作，凝神遐想按摩）、"蜕"（观想童年伙伴戏水，欢快无比）六种意念练法，此处则只采用肌肤按摩法。具体练法如下。

（一）搓手捂脸

接上式，三息（一呼一吸为一息）之后，两掌心相合，用力相搓，搓热后将两手掌捂在脸上，用心体会两手的热量渗透到脑内，由脑内扩散全身（图194、图195）。

图194　　　　　　　　图195

第二章 十四式功法名称、规范要求、健身功效及相关穴位注释

（二）头颈按摩

两手由面部向头顶及脑后按摩（图196）；两掌小指外侧按摩至风池穴时自然滚立外旋，向下按摩至两手背完全贴在脖子上（图197）；再以肘摧腕，以腕摧掌，边摧动边翻转两掌，使掌心向内。掌根极力原地揉摩耳根后的翳风穴（图198）；待两掌心完全转向颈部时，开始用两手指端反复扒摩脖颈的两根大筋（图199）；返回时用手掌搓摩下颌，至耳根时，再向上反搓，同时两肘向上掀立，转挑掌根，以两大拇指内侧，沿耳根向上逆摩（图200），再于耳前切线向下按摩，待两大拇指按摩至耳垂下的听会穴下方时，两掌心要紧贴面颊（图201）；然后以两手中指、食指夹住耳根向上、向下反复尽兴夹

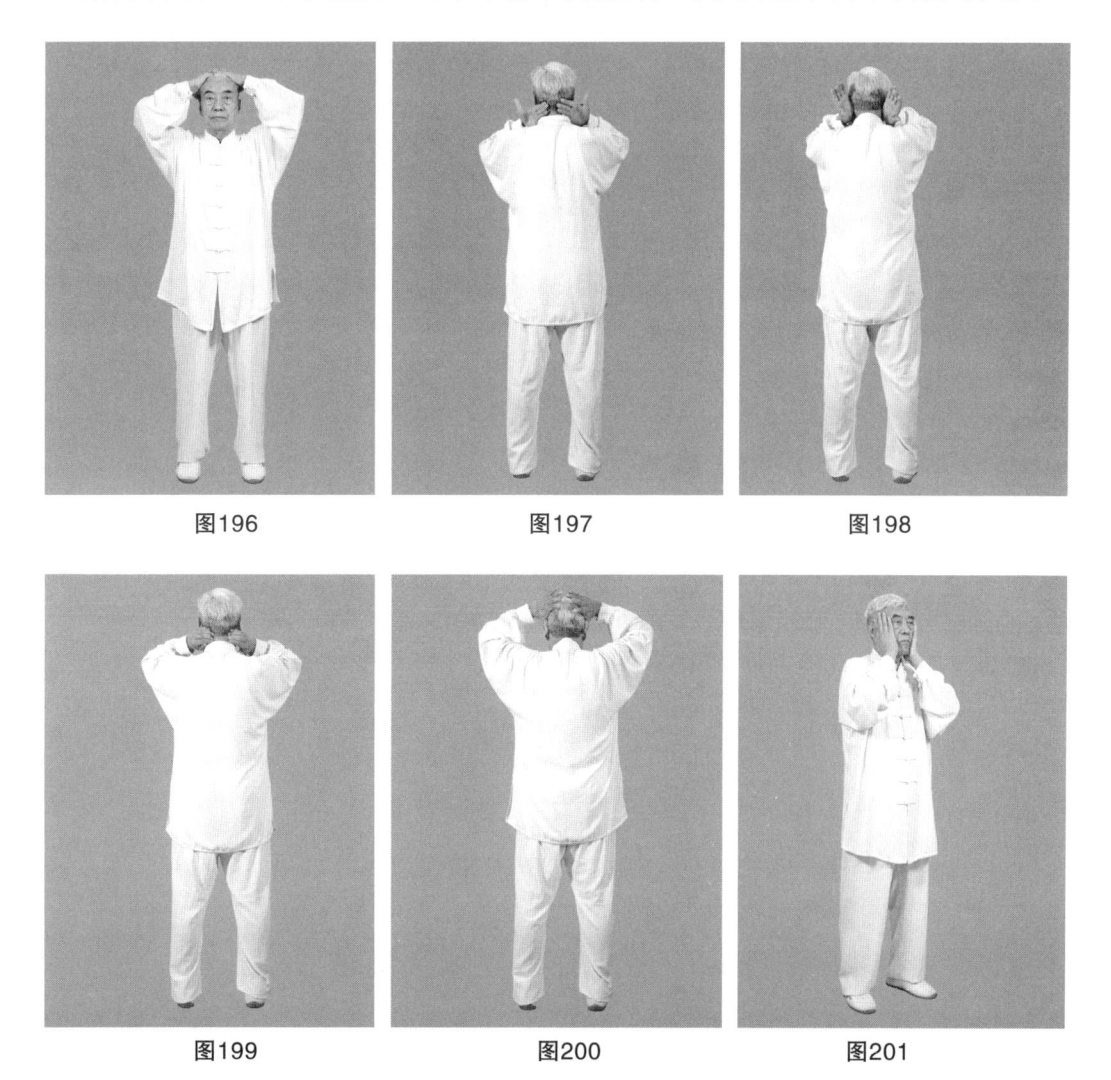

图196　　　　　　图197　　　　　　图198

图199　　　　　　图200　　　　　　图201

摩（图202）；待两手中指、食指底部挨住耳根时，两大拇指肚要按住翳风穴，随即向下沿颌骨按摩颌下淋巴（图203）；待两掌食指接近耳垂下端，再以食指指端按住耳垂前的凹陷处，向上沿耳前切线反摩听会穴、耳门穴、太阳穴等（图204）；然后以两掌食指中节由外向内按摩上眼眶，随即以食指指肚由上向下、向外按摩下眼眶、反复绕摩尽兴为止（图205~图207）；待向内摩至眉心时，再以两手食指指肚和中节先后向相反的方向

图202　　　　　　　　图203　　　　　　　　图204

图205　　　　　　　　图206　　　　　　　　图207

第二章 十四式功法名称、规范要求、健身功效及相关穴位注释

反复尽兴绕摩上下眼眶（图208~图210）；待两手食指按摩至印堂穴时，再向下、向上反复尽兴搓摩鼻翼两侧和迎香穴（图211、图212）；然后再平抬两肘，两手食指上下分开，右手食指在上，以食指侧面贴住人中穴，左手在下以食指侧面贴住承浆穴，两手心均向下，左右交叉反复尽兴搓摩（图213、图214）；然后再立掌以全手掌向上、向内、向下，再向上

图208 　　　　　　　图209 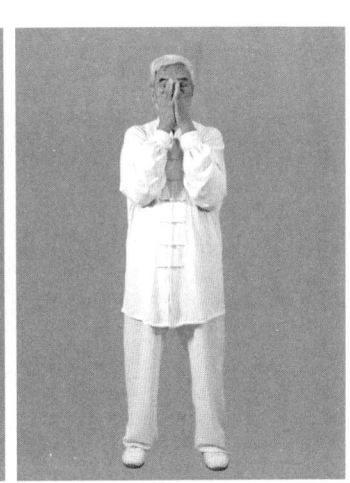　　　　　　　图210

图211 　　　　　　　图212 　　　　　　　图213

易筋洗髓返还功

尽兴做洗脸式按摩（图215~图217）；然后再沿反方向由内向外、向下尽兴反复做洗脸式按摩（图218~图220）；然后两掌再尽兴上下反复搓摩两侧面颊（图221、图222）；然后两掌同时在面部左右横向绕头搓摩，过耳，大拇指到哑门穴，回时稍摩耳背，左右如是，尽兴为止。按摩时头颈尽量向相反方向扭转，以助其势（图223~图226）。

图214 　　　　　图215

图216 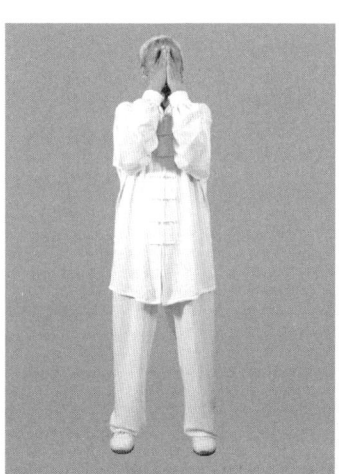　　　　　图217 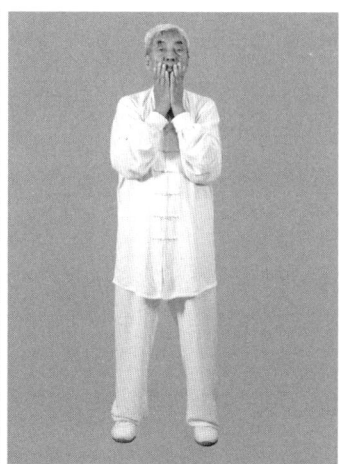　　　　　图218

第二章 十四式功法名称、规范要求、健身功效及相关穴位注释

图219　　　　　　　　　　图220　　　　　　　　　　图221

图222　　　　　　　　　　图223

图224　　　　　　　　　　图225　　　　　　　　　　图226

75

易筋洗髓返还功

　　上动做完，两掌心盖住两眼稍停，让两掌热量向眼内、头内渗透，随即两掌同时向下按摩，摩至指端接近下颌骨下缘时，两手掌分开成倒八字，向斜上方反搓过耳至脑后枕骨处，以两掌心相合为度，复再按原路回搓，并稍搓耳背，尽兴为止（图227~图231）。

图227

图228

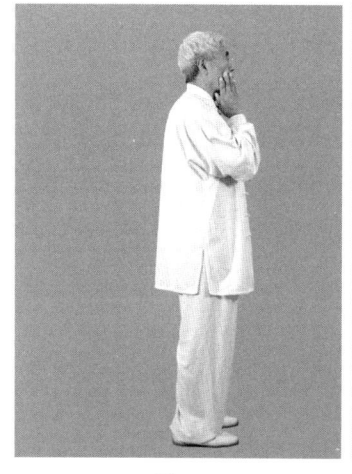

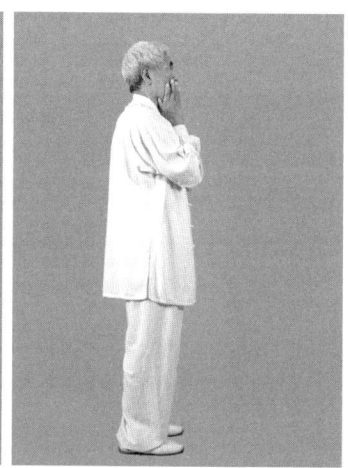

图229

图230

图231

第二章 十四式功法名称、规范要求、健身功效及相关穴位注释

上动做完，两手在脑后十指交叉，反复横向搓摩脑后及脖颈和两风池穴，擦热稍停，认真体会热量向脑内渗透（图232~图236）；然后仰头与两手争力，扩胸深吸气，感觉头脑极其清醒，心胸极为舒畅。气吸到不能再吸时，适度闭息，再尽量做一次深吸气，然后慢慢呼气。身体自然放松，头部恢复原状（图237、图238）；然后头部略低，两手沿后发际反摩过头顶，随即再向下按摩面部，再顺势两手交替向下反复按摩脖颈，右手为先，左手随后（图239~图242）。

图232 　　　　　　　　　图233

图234 　　　　　图235 　　　　　图236

77

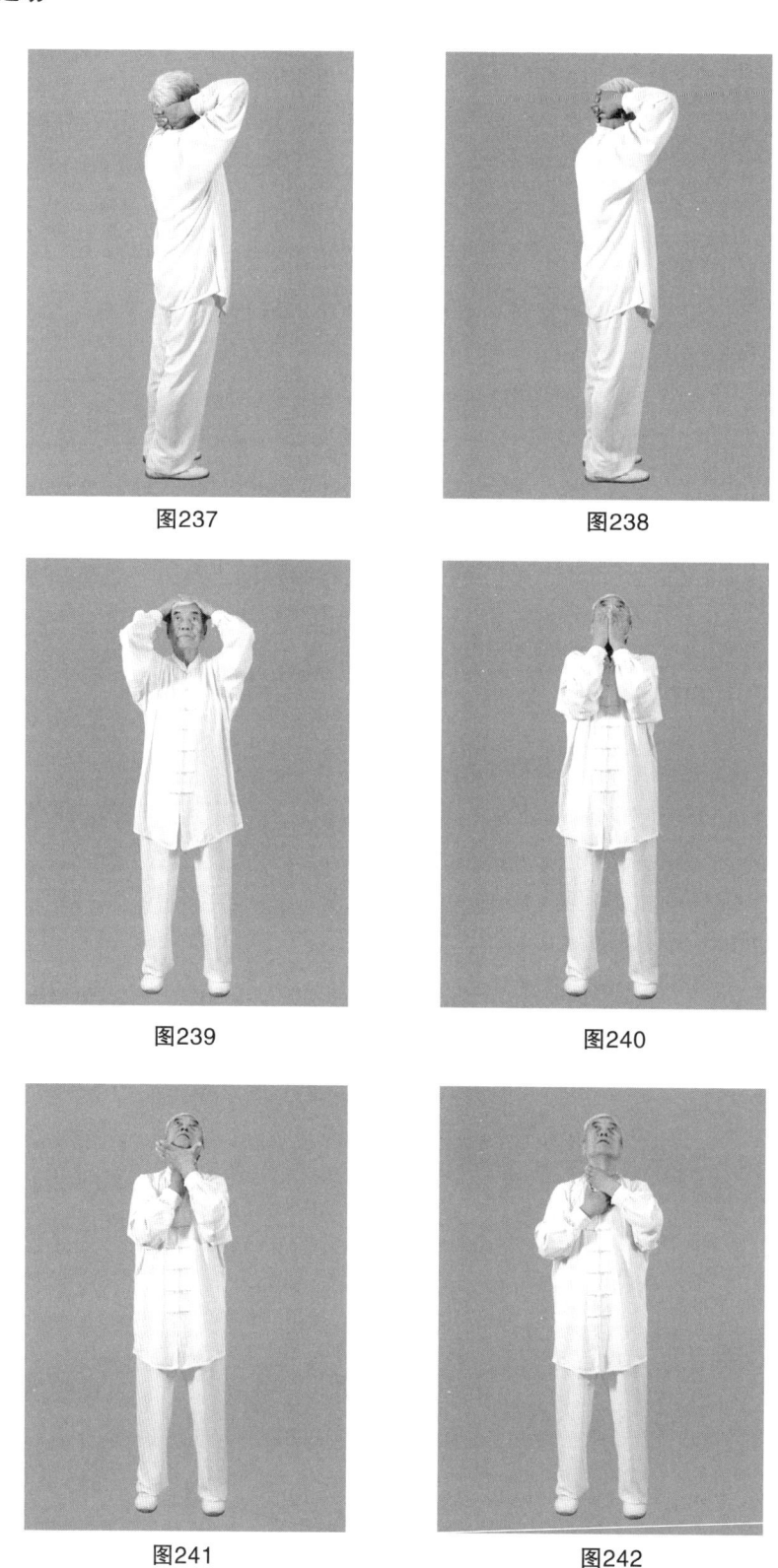

易筋洗髓返还功

图237　　　　　　　　　图238

图239　　　　　　　　　图240

图241　　　　　　　　　图242

（三）胸腹按摩

接上式，动作不停，两手分开摩胸、摩腹（图243、图244）。

图243

图244

（四）下肢内外按摩

接上式，动作不停，两手向下按摩两大腿内侧（图245）、两脚内踝骨、两脚面、两脚外踝骨（图246~图248）。再由下而上边直腰，边摩两腿外侧（图249），直腰后摩到臀部（图250）。

图245

图246

图247

图248　　　　　　　图249　　　　　　　图250

（五）腰肾按摩

接上式，动作不停，两手继续向上运动摩至两肾，两手上下反复搓摩，搓至极热，稍停，体会热气完全灌注肾府（图251）。

图251

（六）下肢后前按摩

接上式，动作不停，俯身两手随势从腰部开始经臀部向下按摩两下肢后侧（图252）至两脚后跟（图253），再绕摩至两脚面（图254），再向上边直腰，边摩两下肢前侧（图255）。

第二章 十四式功法名称、规范要求、健身功效及相关穴位注释

图252 　　　　　　　　　　图253

图254 　　　　　　　　　　图255

（七）腹胸肋绕摩

接上式，动作不停，两手向上摩腹（图256）、摩胸（图257），摩至胸部时，沉掌根绕至两腋下（图258）沿肋直下按摩。摩至两胯根时（图259），再按原路由腹至胸，胸至肋，肋至胯重复按摩三次；然后再按原路线反方向按摩，以通冲脉。

图256

81

图257 　　　　　　　　图258 　　　　　　　　图259

（八）带脉按摩

接上式，动作不停，两手摩至脐前腰带处（图260）向后，向两侧沿腰带绕圈三次，以通带脉（图261、图262）。

图260 　　　　　　　　图261 　　　　　　　　图262

（九）上肢按摩

接上动，两手摩至脐前时，两手掌合并用力搓热（图263），然后左手向左前方直臂翻掌摆动，右手亦随左手之翻摆，从左掌开始按摩（图264），向上摩至左臂内侧（图265），以舒通手三阴之经。左臂展到极限时，右手掌按摩至肩头（图266），左手顺势向后翻转，降落，五指成后勾手尽量向左后上方直臂上勾，手心朝上；至肩、肘关节到极限，左臂内旋，左手落至左髋部，右手掌顺势按摩左肩外侧（图267）；然后左肩向后抽动，右手摩左大臂外侧（图268），动作不停，左肘向上抽动，右手摩至左肘（图269），左腕向上抽动，右手摩至左腕（图270）；左手腕继续抽动，右手摩至左手指端（图271），以舒通手三阳之经络。动作不停，右手开始向右前上方翻摆，左手开始按摩右臂内侧、外侧以舒通右侧手三阴三阳之经络，路线要求与左侧一致（图272~图279）。如是左右共按摩三次，摩完右臂即可做收式。

图263

图264

图265

易筋洗髓返还功

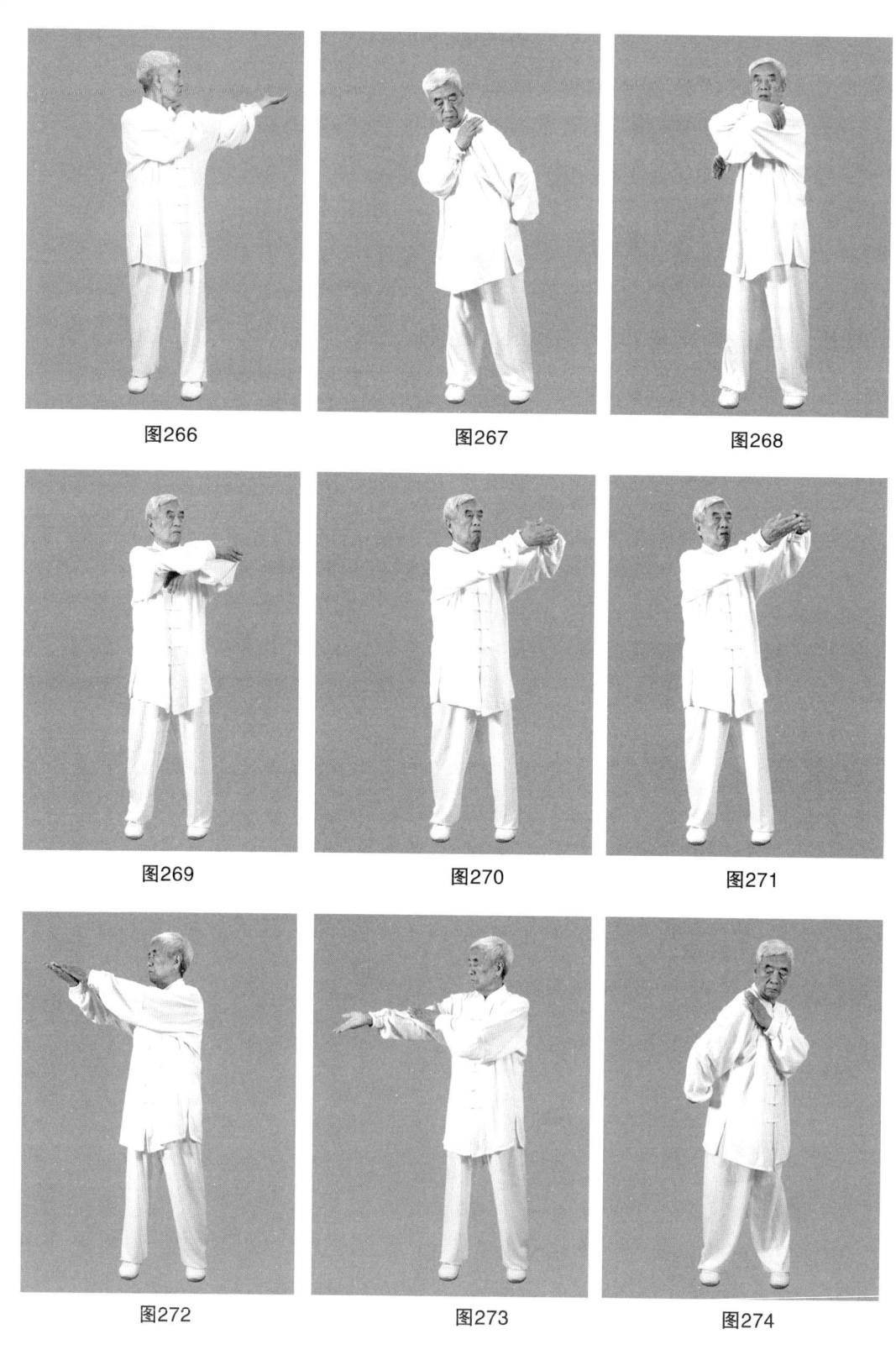

图266

图267

图268

图269

图270

图271

图272

图273

图274

第二章　十四式功法名称、规范要求、健身功效及相关穴位注释

图275

图276

图277

图278

图279

（十）收式

接上动，两手掌指相接后，即合掌，两手十指虚虚相贴，掌心虚虚相合，高过头顶；沉肩坠肘徐徐降至胸前；再令两手小指、无名指依次分开，掌心向地，余下三指相接成环；然后将环套在肚脐上，两小臂轻贴两肋；想五气（肝、心、脾、肺、肾之气）汇聚丹田。稍停，待腹部发热，两手分开下移，以两手中指点按一下小腹两下角的气冲穴，并立即用两手掌心盖住两气冲穴；稍停，两手下移至两大腿外侧，中指对准风市穴，点一下有热感，即用意念吸收入丹田（图280~图287）。

易筋洗髓返还功

图280　　　　　　　　　　图281　　　　　　　　　　图282

图283　　　　　　　　　　图284

图285　　　　　　　　　　图286　　　　　　　　　　图287

第二章　十四式功法名称、规范要求、健身功效及相关穴位注释

即可收式。左足向右靠拢，恢复自然站立姿势，闭上眼睛（图288），把本单元中上述所有意念全部忘掉，下意识地对上述意念进行"清零"，静一静，使自己的身心完全从"常有欲，以观其徼"进入"常无欲，以观其妙"的先天自然状态，待头部有松空感时，即可做几次抖腕、提膝和随意拍打的放松运动，即可收功，见图1-3-24~图1-3-55。

图288

三、健身功效

此功法是提高太极拳演练效果，使之达到高级境界的有效方法；是提高人体对暴力进攻反应的灵敏度和应变能力的好方法；特别是对太极推手技艺的提高有很好的效果。

本功法初次练习，即可周身发热，心情舒畅，头脑清醒，得气极快，治病和挖掘人体潜能效果极佳。练时要特别注意缠绵不断，缱绻不停，如胶似漆，劲断意不断。

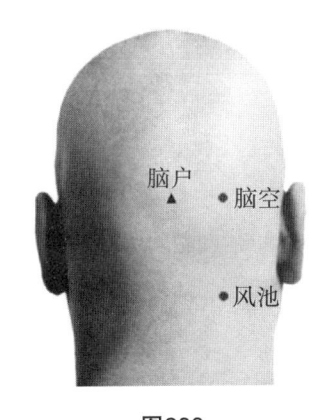

图289

四、相关穴位

风池穴：位于项部后头骨下，两条大筋外缘凹陷处，大致与耳垂齐平，用力按压有酸胀感即是；属于足少阳胆经；主治头痛、眩晕、目赤肿痛、鼻渊、耳鸣、中风、颈项强痛、视网膜出血、视神经萎缩等。见图289。

翳风穴：位于耳垂后方凹陷处；属手少阳三焦经；主治口眼歪斜、牙关紧闭、颊肿、耳鸣、耳聋、齿痛等头面五官疾患，以及瘰疬、腮腺炎、膈肌痉挛等。见图290。

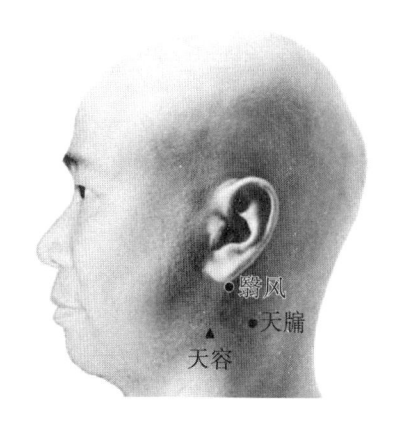

图290

听会穴：位于面部，耳屏间切迹的前下方，张口凹陷处；属于足少阳胆经；主治耳鸣、耳聋、齿痛、口眼歪斜、面痛等。见图291。

耳门穴：位于面部耳屏上切迹前上方，张口凹陷处；属于手少阳三焦经；主治耳聋、耳鸣、齿痛等。见图291。

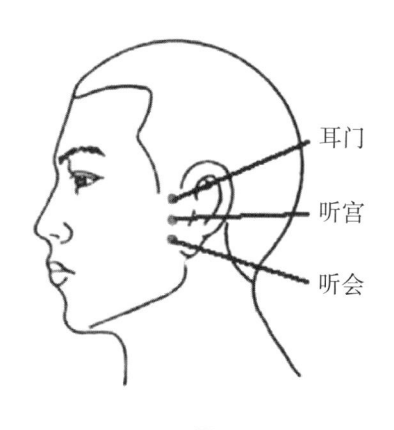

图291

太阳穴：位于头侧部眉梢与外眼角之间向后约1寸凹陷处；属于经外奇穴；主治头痛、目赤肿痛、暴发火眼、目翳、迎风流泪、口眼歪斜等。见图292。

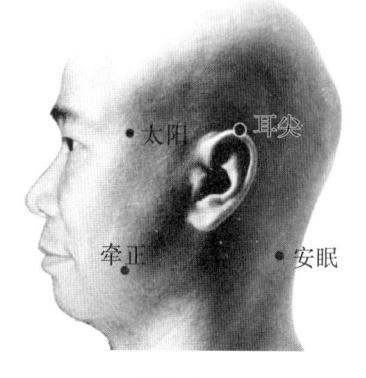

图292

第二章 十四式功法名称、规范要求、健身功效及相关穴位注释

迎香穴：位于鼻孔外凹陷处；属于手阳明大肠经；主治鼻塞、鼻衄、口歪、口噤等。见图293。

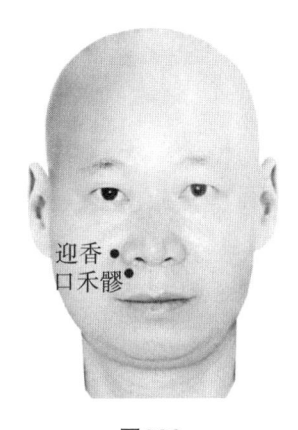

图293

人中穴（水沟穴）：位于面部鼻下沟中上三分之一处；属于督脉；主治晕厥、中暑、中风、昏迷、癫狂、低血压、腰脊强痛等。见图294。

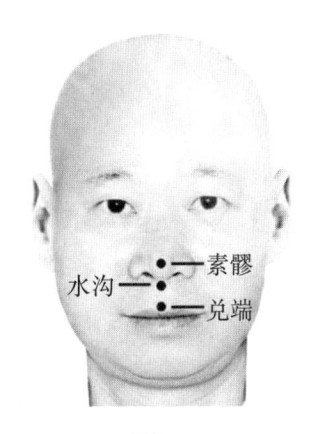

图294

承浆穴：位于颏唇沟正中凹陷处；属于任脉；主治口歪、齿龈肿痛、流涎、口舌生疮、癫痫等。见图295。

图295

哑门穴：位于项部，后发际正中直上0.5寸，第一颈椎下；属于督脉；主治舌强不语、头痛、项强、癫痫、癔病、脑膜炎、脊髓炎等。见图296。

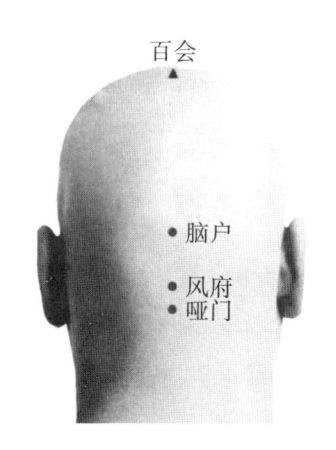

图296

注：上述易筋洗髓返还功十四式，根据动作数量多少和运动量大小，大体分为五个单元。修炼时可以一个单元一个单元地分段练习；如果体力支持，也可以一气呵成，整体练习；亦可以根据自己的时间和兴趣，任意选择其中一个或几个式子进行单独练习或组合练习，都会收获理想的功效。亦可不加任何意念，从头至尾缱绻不停地练，像打太极拳那样，趣味无穷，健身效果亦很理想。但是无论采取哪一种练法，按单元练、整体练、一个式子单独练或几个式子随意组合练，收式时都要做一次"闭目""清零"，忘掉所有想象和意念，让身心完全进入"常无欲，以观其其妙"的先天自然状态。待头部有松空感时，做几次抖腕、提膝和随意拍打的放松运动，再行收式还原，见图55~图86。

五、相关知识

皮肤，乃人体第一道防线，兼有营、卫两大作用。皮肤之健康、皮肤之灵敏程度，对人体之抗病和抗暴能力均有重要作用。现代医学实践证明，人体皮肤的分泌物质可以控制人体内胆固醇代谢，可以杀菌免疫，可以加强甲状腺素的作用，可以抑制细菌生长、滋润皮肤。

皮肤能制造营养。皮肤中含有一种叫7-脱氢胆固醇的化合物，在紫外线的作用下可以转变成维生素D，可以防治软骨病，强体健骨。

皮肤也有呼吸功能。医学家发现，皮肤从空气中直接吸收的氧气，占身体需氧量的2.5%，同时还呼出3%的二氧化碳等废气。

另外，皮肤还有适应环境和抵御外来侵犯等作用。中医还有"皮毛生肾"之说。皮肤光泽、柔润、富有弹性，反映人体精足、血旺、活力强。皮肤如有皱纹、黑斑、枯燥、色暗、松弛，乃人体衰老、患病或衰弱之表现。所以常练此功法，可以有效地提高人体的抗病和抗暴（要有专门指导）能力，可以提高人体活力，使人健美康乐。

第三章　功法解说词、视频及简化版完整练习口令

第一节　功法解说词、视频

第一式

一、功法名称

预备势——天人合一　入佳境（1动）

第一式

二、规范要求

两足自然站立，先按道家返还功"行呼行吸"的方法和"下喉三寸皆污物"的理论，两足做前进后退的随意行走，同时做3次先口呼再鼻吸的深长呼吸。如果场地不允许，也可以做原地踏步。

即：前行呼——后退吸——，前行呼——后退吸——，前行呼——后退吸——；三息之后，回到原地，凝神静虑，把呼吸调匀，再用意念按如下七句歌诀的要求，调理净化自己的身心：

第一句　端庄平稳，气度开阔

用意念想象眼前是一片湛蓝平静的大海，海上屹立着一尊高大挺拔的观世音菩萨塑像（当然也可以设想为自己所尊崇的其他偶像），菩萨慈善祥和地面视自己，我即恭敬虔诚，开始潜心修炼：深吸气，极目远眺……即刻会感到有"心如天地融万物，神如闪电绕宇寰"之气势。

第二句　三融四坠，断镶润笑

三融：是用意念想象自己的头与天融为了一体；两脚与地融为了一体；胸

腹和四肢与周围的空气融为了一体。

四坠：是用意念想象两肩井穴向两肾上松落；两肾向两胯外侧的环跳穴上松落；两环跳穴向两膝关节外侧下面的阳陵泉穴上松落；两阳陵泉穴向两个踝关节外侧后下方的仆参穴上松落。全身上下会感到一气流行，螺旋对拔，形神意气均与天地相融。

断镶润笑：是用神意内视想象颈椎7节，从第一节开始，往下一节一节地用意念力向后推，向下拉，使之断开距离，随即再在两个骨节的空隙间，从后面向内镶进一只明净灵活的眼睛（眼球正面向后），再点入一滴润滑剂。颈椎7节想完后，再想胸椎12节，从第一节开始，往下一节一节地用意念力向前推，向下拉，使之断开距离，随即再在两个骨节的空隙间，从前面向内镶进一只明净灵活的眼睛（眼球正面向前），再点入一滴润滑剂。胸椎12节想完后，再想腰椎5节，从第一节开始，往下一节一节地用意念力向后推，向下拉，使之断开距离，随即再在两个骨节的空隙间，从后面向内镶进一只明净灵活的眼睛（眼球正面向后）再点入一滴润滑剂。这样颈椎内想象镶进的7只眼睛，腰椎内想象镶进的5只眼睛，共12眼睛都是向后观看的；胸椎内想象镶进的12只眼睛都是向前观看的。随即再想象每只眼睛都在会心的微笑。

你会感到整个颈椎、脊椎和腰椎都已拉直并达到极为松灵状态。

第三句　如沐春风，神舒气畅

接着再用意念想象自己站在雨后的春风里，会感到清风拂面，周身荡漾，神舒气畅，满身轻利。

第四句　下颌微收，舌尖上抵

接着再用意念想象喉头找大椎，下颌自然微收，舌体微上卷，舌尖自抵上颚。

第五句　眼向前看，耳向后听

接着再以童心之神态，目视想象身前远方山林间的小鸟在飞腾跳跃，树上的蚂蚁在会心微笑；再以好奇之心，凝神辨听想象身后远方山林间各种鸟兽或蝼蚁的欢叫声，身心会感到好像进入了一种童话般的梦幻之中。

第六句　着意丹田，背与后融

收回上述的趣味想象，把一点轻微的意念植入丹田，同时想象脊背与身后的空气融合在一起，顿时会感到全身脏腑、气血松柔通畅。

第七句　身觉摇动，渐入佳境

上述意念完成后，会觉两足犹如站在航行的船上，身体有轻微的摇动感，感到自己已进入一种"天人合一"的美好佳境。调匀呼吸，开始练习下一式。

三、健身功效

经常按上述规范要求践行此式，一能有效调整颈椎和脊椎力学失衡，防治眼、耳及五脏六腑多种不明原因的疾患；二能开阔胸怀，壮大气魄，焕发童心，延缓衰老，特别是延缓视、听功能的衰退，还可以预防老年痴呆症；三能有效提高自己处变不惊和泰山崩于前、猛虎扑于后而不惊不恐的胆气和应变能力。

第二式

一、功法名称

起式——调坎填离　水上行（4动）

第二式

二、规范要求

默想践行如下六句歌诀：

第一句　重心左移右控左，两足平立横膈松

接上式，重心移于右脚，鼻子尖与右足大趾、尾骶骨与右足跟上下垂直相对，目视远前方，想象是在万人群中寻找一位将要久别重逢的亲人，身体有上下拉拔、左足有欲向左侧开移之势；随即意想右手小指向右足跟外侧10厘米处指地，撑裆松胯，左足自动向左横移，左足大趾着地；随即依次意想：右手无名指指地，左足二趾着地—右手中指指地，左足中趾着地—右手食指指地，左足四趾着地—右手大指指地，左足小趾着地—右手掌落地，左足前脚掌着地—右手掌跟着地，左足跟着地；重心随之移至左足，这时会感到呼出了一口很痛快的气，横膈膜非常松畅。然后再把重心移于两足之间。

第二句　阴阳悬踏水上行，汇聚丹田神气充

接上动，这里需要注意的是，"阴阳悬踏水上行"要求两足左右做三次移动。

第一次移动：重心左移，右手同时移至左下腹，掌心向内，想一下左足心的涌泉穴与左侧的肩井穴上下贯通，随即缓慢深吸气，随着深吸气眼神由下向上内视，右手亦随之向上缓慢移动，并想象"泉水"随深吸气在神意和右手的引导下缓慢上升至左肩井穴，稍停，再缓慢呼气，眼神随之向下腹部内视，右手亦同时向下缓慢移动，意想"泉水"随神意和右手的引导下行至小腹中部；随即再重心右移，右手回移至右胯旁，左手同时移至右下腹，掌心向内，想一下右足心的涌泉穴与右侧的肩井穴上下贯通，随即缓慢深吸气，随着深吸气眼神由下向上内视，左手亦随之向上缓慢移动，并想象"泉水"随深吸气在神意和左手的引导下缓慢上升至右肩井穴，稍停，再缓慢呼气，眼神随之向下腹部内视，左手亦同时向下缓慢移动，意想"泉水"随神意和左手的引导下行至小腹（下丹田）。

第二次移动：重心再左移，左手回移至左胯旁，右手同时移至左下腹，掌心向内，想一下左足心的涌泉穴与左侧的肩井穴上下贯通，随即缓慢深吸气，随着深吸气眼神由下向上内视，右手亦随之向上缓慢移动，并想象"泉水"随深吸气在神意和右手的引导下缓慢上升至左肩井穴，稍停，再缓慢呼气，眼神随之向下腹部内视至下腹部，同时意想"泉水"随神意和右手的引导下行至小腹（下丹田）；随即重心再右移，右手回移至右胯旁，左手同时移至右下腹，掌心向内，想一下右足心的涌泉穴与右侧的肩井穴上下贯通，再深吸气，随之意想"泉水"随深吸气在神意和左手势的引导下缓慢上升至右肩井穴，稍停，再缓慢呼气，意想"泉水"随神意和左手势的引导下行至小腹。

第三次移动：重心再左移，左手回移至左胯旁，右手同时移至左下腹，掌心向内，想一下左足心的涌泉穴与左侧的肩井穴上下贯通，并随即缓慢深吸气，随着深吸气眼神由下向上内视，右手亦随之向上缓慢移动，想象"泉水"随深吸气在神意和右手的引导下缓慢上升至左肩井穴，稍停，再缓慢呼气，眼神随之向下腹部内视至下腹部，同时意想"泉水"随神意和右手的引导下行至小腹；随即重心再右移，右手回移至右胯旁，左手同时移至右下腹，掌心向内，想一下右足心的涌泉穴与右侧的肩井穴上下贯通，再深吸气，随之意想"泉水"随深吸气在神意和左手势的引导下缓慢上升至右肩井穴，稍停，再缓慢呼气，意想"泉水"随神意和左手势的引导下行至小腹（下丹田）；左手回移至左胯旁。

通过两足左右三次移动，感到丹田处气血充盈，神足气壮。

第三句　肩肘如辘手如桶，提水摇摇到山顶

想象两肩、两肘像过去从井中提水的辘轳或井绳，两手像是水桶；将"水"从丹田提至山顶（也就是头顶），即两手从丹田处向上掤举至头顶上方，两手于头顶两侧向上伸举，不动。

第四句　水至巅峰慢灌溉，毛发身心沐春风

接上动，两手内合，对向头顶，然后用意念控制慢慢向下灌溉，也可以把两手设想为两个喷头，向下进行喷灌；两手于头顶上方不动，心旷神怡地想象，全身的汗毛像是禾苗被清水浇灌后，郁郁葱葱，微风吹拂，清舒摇曳，感到全身内外都随之神舒气畅。

第五句　一气三清透顶门，任其百脉自调匀

接上动，两手外展，十指朝天，想象是雷达的天线，从头顶上方左右缓慢旋转移动，意想吸收宇宙能量，向百会穴灌注，并向下透过上、中、下三部丹田向全身渗透，两手亦随之缓慢下降至大腿外侧，这时自会感到周身百脉被调整得匀细顺畅。

第六句　全身空透西山磬，虎吼猿鸣河水净

接着屈膝下蹲，呈马步状，要认真体会自己全身都是空透的，两肩、两胯向外松掤，身体就像悬挂在西山庙前的一口大钟，敲击一下就会余音缭绕，响彻整个空间（凝神静听撞钟的声音）；同时觉得丹田里有一股巨大的能量，如果大喊一声就会像虎吼猿鸣一般令人惊骇（凝神静听虎吼猿鸣的声音）；随即再意想面前是一条清清静静的大河，鹰击长空，鱼翔浅底，两岸花红柳绿，回青倒影，万籁俱寂，这时会明显感到全身与环境交融，无我无他，气若游丝，心如明镜。调匀呼吸，开始练习下一式。

三、健身功效

经常按上述规范要求践行此式，一有滋阴降逆，补肾壮元，平肝舒络之功效；二可防治因元阳不足免疫力低下而易感风寒，以及因肝阳上亢所引起的急躁易怒，口舌生疮，肠胃不和等症状。

第三式

一、功法名称

灌指旋腕 清肺肠（共4动）

二、规范要求

第一动　内外旋腕 灌指

接上式，这里需要注意的是，向内向外各做一次"灌指旋腕"视为一次，要求做三次。

第一次：马步姿势不变，两手外旋向上捧至胸前，使两手心之内劳宫穴朝天，五指自然分开，状如捧物，意想两股宇宙能量徐徐向劳宫穴内灌注，默数5个数（一、二、三、四、五）；再将五指慢慢回收，两手大指指肚与两手食指内侧的商阳穴相接；接着再以大指指肚依次按摩，同时意想向食指、中指、无名指、小指的指甲盖内灌注宇宙能量；接着意想以小手指根部外侧的后溪穴找手腕上侧的列缺穴，掌腕随之极力内旋下降，待旋转至掌心向外，两手背朝两大腿外侧，虎口向下时，五指伸直，虎口极力扩张，随即五指第一节回勾，形如虎爪，默数5个数（一、二、三、四、五）。

注意：此式肢体形态要随着数数不断加大力度，但意念要尽量放松。

再意想列缺穴找后溪穴，掌腕极力外旋向上移动，同时以两手的大指指肚依次按摩，同时意想向两手的小指、无名指、中指、食指指肚内灌注宇宙能量；待外旋至两手心朝前，虎口向外时，五指伸直，极力扩张两手虎口，随即五指第一节回勾，形如虎爪，默数5个数（一、二、三、四、五）。

注意：此式肢体形态要随着数数不断加大力度，但意念要尽量放松。

第二次：马步姿势不变，两手向上捧至胸前，使两手心之内劳宫穴朝天，五指自然分开，状如捧物，意想两股宇宙能量徐徐向劳宫穴内灌注，默数5个数（一、二、三、四、五）；再将五指慢慢回收，两手大指指肚与两手食指内侧之商阳穴相接；接着再以大指指肚依次按摩，同时意想向食指、中指、无名指、小指的指甲盖内灌注宇宙能量；接着意想以小手指根部外侧的后溪穴找手腕上侧的列缺穴，掌腕随之极力内旋下降，待旋转至掌心向外，两手背朝两大腿外侧，虎口向下时，五指伸直，虎口极力扩张，随即五指第一节回勾，形如虎爪，默数5个数（一、二、三、四、五）。

注意：此式肢体形态要随着数数不断加大力度，但意念要尽量放松。

再意想列缺穴找后溪穴，掌腕极力外旋向上移动，同时以两手之大指指肚依次按摩，同时意想向两手的小指、无名指、中指、食指指肚内灌注宇宙能量；待外旋至两手心朝前，虎口向外时，五指伸直，极力扩张两手虎口，随即五指第一节回勾，形如虎爪，默数5个数（一、二、三、四、五）。

注意：此式肢体形态要随着数数不断加大力度，但意念要尽量放松。

第三次：马步姿势不变，两手外旋向上捧至胸前，使两手心之内劳宫穴朝天，五指自然分开，状如捧物，意想两股宇宙能量徐徐向劳宫穴内灌注，默数5个数（一、二、三、四、五）；再将五指慢慢回收，两手大指指肚与两手食指内侧之商阳穴相接；接着再以大指指肚依次按摩，同时意想向食指、中指、无名指、小指的指甲盖内灌注宇宙能量；接着意想以小手指根部外侧的后溪穴找手腕上侧的列缺穴，掌腕随之极力内旋下降，待旋转至掌心向外，两手背朝两大腿外侧，虎口向下时，五指伸直，虎口极力扩张，随即五指第一节回勾，形如虎爪，默数5个数（一、二、三、四、五）。

注意：此式肢体形态要随着数数不断加大力度，但意念要尽量放松。

再意想列缺穴找后溪穴，掌腕极力外旋向上移动，同时以两手之大指指肚依次按摩，同时意想向两手的小指、无名指、中指、食指指肚内灌注宇宙能量；待外旋至两手心朝前，虎口向外时，五指伸直，极力扩张两手虎口，随即五指第一节回勾，形如虎爪，默数5个数（一、二、三、四、五）。

注意：此式肢体形态要随着数数不断加大力度，但意念要尽量放松。

第二动　沉掌后翘　前折

接上动，这里需要注意的是，"两掌指后翘前折"视为一次，要求做三次。

第一次：下肢姿势不变，两手指松开下降至两大腿外侧，掌跟下沉、两手十指极力后翘，折腕，两臂极力后上举，两手心斜向后，意想两手的指甲盖向两肘后靠拢，默数5个数（一、二、三、四、五）。

注意：此式肢体形态要随着数数不断加大力度，但意念要尽量放松。

随即屈肘找指以加大折腕翘指的力度，默数5个数（一、二、三、四、五）。

注意：此式肢体形态要随着数数不断加大力度，但意念要尽量放松。

随即两手大指向掌心内叩，其余四指屈叩于大指外侧，两拳均成握固状，随即极力折腕回勾，两肘极力前移，向前上撑托至与肩同高，意想两拳面极力向两腕内侧横纹中间的大陵穴靠拢，默数5个数（一、二、三、四、五）。

注意：此式肢体形态要随着数数不断加大力度，但意念要尽量放松。

第二次：下肢姿势不变，两手指松开下降至两大腿外侧，掌跟下沉、两手十指极力后翘，折腕，两臂极力后上举，两手心斜向后，意想两手的指甲盖向两肘后靠拢，默数5个数（一、二、二、三、四、五）。

注意：此式肢体形态要随着数数不断加大力度，但意念要尽量放松。

随即屈肘找指以加大折腕翘指的力度，默数5个数（一、二、三、四、五）。

注意：此式肢体形态要随着数数不断加大力度，但意念要尽量放松。

随即两手大指向掌心内叩，其余四指屈叩于大指外侧，两拳均成握固状，随即极力折腕回勾，两肘极力前移，向前上撑托至与肩同高，意想两拳面极力向两腕内侧横纹中间的大陵穴靠拢，默数5个数（一、二、三、四、五）。

注意：此式肢体形态要随着数数不断加大力度，但意念要尽量放松。

第三次：下肢姿势不变，两手指松开下降至两大腿外侧，掌跟下沉、两手十指极力后翘，折腕，两臂极力后上举，两手心斜向后，意想两手的指甲盖向两肘后靠拢，默数5个数（一、二、三、四、五）。

注意：此式肢体形态要随着数数不断加大力度，但意念要尽量放松。

随即屈肘找指以加大折腕翘指的力度，默数5个数（一、二、三、四、五）。

注意：此式肢体形态要随着数数不断加大力度，但意念要尽量放松。

随即两手大指向掌心内叩，其余四指屈叩于大指外侧，两拳均成握固状，随即极力折腕回勾，两肘极力前移，向前上撑托至与肩同高，意想两拳面极力向两腕内侧横纹中间的大陵穴靠拢，默数5个数（一、二、三、四、五）。

注意：此式肢体形态要随着数数不断加大力度，但意念要尽量放松。

第三动　沉掌前翘　后折

接上动，这里需要注意的是，"两掌指前翘后折"视为一次，要求做三次。

第一次：两下肢姿势不变，两掌指松开、下降、内旋至两大腿外侧，掌心向后，随即沉肘前撑，折腕，掌指极力向前上翘，两掌心由下转向上，意想两手的指甲盖向两肘部靠拢，默数5个数（一、二、三、四、五）。

注意：此式肢体形态要随着数数不断加大力度，但意念要尽量放松。

随即两手大指向掌心内叩，其余四指屈叩于大指外侧，两拳均成握固状，随即极力折腕回勾，下降、后移，向身后反举至肩关节到极限，意想两拳面极力向两腕内侧横纹中间的大陵穴靠拢，默数5个数（一、二、三、四、五）。

注意：此式肢体形态要随着数数不断加大力度，但意念要尽量放松。

随即再屈肘找指以加大折腕力度，默数5个数（一、二、三、四、五）。

注意：此式肢体形态要随着数数不断加大力度，但意念要尽量放松。

第二次：两下肢姿势不变，两掌指松开、下降、内旋至两大腿外侧，沉肘前撑，折腕，掌指极力向前上翘，两掌心由下转向上，意想两手的指甲盖向两肘部靠拢，默数5个数（一、二、三、四、五）。

注意：此式肢体形态要随着数数不断加大力度，但意念要尽量放松。

随即两手大指向掌心内叩，其余四指屈叩于大指外侧，两拳均成握固状，随即极力折腕回勾，下降、后移，向身后反举至肩关节到极限，意想两拳面极力向两腕内侧横纹中间的大陵穴靠拢，默数5个数（一、二、三、四、五）。

注意：此式肢体形态要随着数数不断加大力度，但意念要尽量放松。

随即再屈肘找指以加大折腕力度，默数5个数（一、二、三、四、五）。

注意：此式肢体形态要随着数数不断加大力度，但意念要尽量放松。

第三次：两下肢姿势不变，两掌指松开、下降、内旋至两大腿外侧，沉肘前撑，折腕，掌指极力向前上翘，两掌心由下转向上，意想两手的指甲盖向两肘部靠拢，默数5个数（一、二、三、四、五）。

注意：此式肢体形态要随着数数不断加大力度，但意念要尽量放松。

随即两手大指向掌心内叩，其余四指屈叩于大指外侧，两拳均成握固状，随即极力折腕回勾，下降、后移，向身后反举至肩关节到极限，意想两拳面极力向两腕内侧横纹中间的大陵穴靠拢，默数5个数（一、二、三、四、五）。

注意：此式肢体形态要随着数数不断加大力度，但意念要尽量放松。

随即再屈肘找指以加大折腕力度，默数5个数（一、二、三、四、五）。

注意：此式肢体形态要随着数数不断加大力度，但意念要尽量放松。

第四动　撑掌外翘　内折

接上动，这里需要注意的是，"两掌指一折一翘"视为一次，要求做三次。

第一次：两手掌指松开降至两大腿外侧，掌心向内，展臂撑掌，极力向外、向上折翘，两掌心向外，意想两手的指甲盖向两肘部靠拢，默数5个数（一、二、三、四、五）。

注意：此式肢体形态要随着数数不断加大力度，但意念要尽量放松。

随即两手掌指再极力向内折腕成握固状，向两腋下回勾，两掌心向上，意想两拳面极力向两腕内侧横纹中间的大陵穴靠拢，默数5个数（一、二、三、四、五）。

注意：此式肢体形态要随着数数不断加大力度，但意念要尽量放松。

第二次：两手掌指松开降至两大腿外侧，展臂撑掌，极力向外、向上折翘，两掌心向外，意想两手的指甲盖向两肘部靠拢，默数5个数（一、二、三、四、五）。

注意：此式肢体形态要随着数数不断加大力度，但意念要尽量放松。

随即两手掌指再极力向内折腕成握固状，向两腋下回勾，两掌心向上，意想两拳面极力向两腕内侧横纹中间的大陵穴靠拢，默数5个数（一、二、三、四、五）。

注意：此式肢体形态要随着数数不断加大力度，但意念要尽量放松。

第三次：两手掌指松开降至两大腿外侧，展臂撑掌，极力向外、向上折翘，两掌心向外，意想两手的指甲盖向两肘部靠拢，默数5个数（一、二、三、四、五）。

注意：此式肢体形态要随着数数不断加大力度，但意念要尽量放松。

随即两手掌指再极力向内折腕成握固状，向两腋下回勾，两掌心向上，意想两拳面极力向两腕内侧横纹中间的大陵穴靠拢，默数5个数（一、二、三、四、五）。

注意：此式肢体形态要随着数数不断加大力度，但意念要尽量放松。

然后，恢复自然站立姿势，闭上眼睛，下意识地对上述三式中所有的意念进行"清零"，忘掉所有想象，进入"常无欲，以观其妙"的先天自然状态。待头部有松空感时，即可做几次抖腕，提膝和随意拍打的放松运动，调匀呼吸，开始练习下一单元。

三、健身功效

通过四个动作八个不同方向的翘指折腕练习，一可以强力抻拉指、掌、腕、臂的韧带，充分刺激、疏通手三阴三阳经和任督二脉的经络穴位，整体提高自身的呼吸、排泄、消化、吸收、循环等方面的功能；二可以清肺利肠，强心健脾，有效防治肺与大肠、心包与三焦、心与小肠等脏腑方面的疾病；三可以有效提高指、掌、腕、臂韧带的柔韧性和力量，提高防身抗暴功能。

下面请张全亮老师按规范要求，将第一单元的三个式子演练一遍。

第四式

一、功法名称

八方握固 气力增（共8动）

第四式

二、规范要求

第一动　两臂下垂　握固

接上式，两掌大指回收，以指端置于无名指根部横纹处，其余四指将大指卷握于内（道家称"握固"），垂臂于两大腿外侧，两拳虎口朝前；左脚横移，两膝屈蹲呈马步状。按如下顺序和意念要求默想：默想两个踝关节内侧笑一笑；再想两个踝关节外侧颠一颠；再想用两根银针同时捻转深刺一下两个脚腕上方的解溪穴，顿觉有触电感时，两拳随之用力握一握。

第二动　两臂前伸　握固

接上动，两拳握固向前平伸，两拳虎口朝上，与肩同高；两下肢姿势不变。按如下顺序和意念要求依次默想：默想两个膝关节内侧笑一笑；再想两个膝关节外侧颠一颠；再想用两根银针同时捻转深刺一下两个腘窝中间的委中穴，顿觉有触电感时，两拳随之用力握一握。

第三动　两臂上举　握固

接上动，两拳握固上举，两臂伸直与两耳平行；两下肢姿势不变。按如下顺序和意念要求依次默想：默想两个髋关节内侧笑一笑；再想两个髋关节外侧颠一颠；再想用银针捻转深刺一下两阴之间的会阴穴，顿觉有触电感时，两拳随之用力握一握。

第四动　两拳对耳　握固

接上动，两拳握固屈肘，使两拳面与两耳相对；两下肢姿势不变。按如下顺序和意念要求依次默想：默想腹内膀胱等泌尿系统笑一笑；再想两个肾球颠一颠；再想用银针捻转深刺一下两肾间的命门穴，顿觉有触电感时，两拳随之用力握一握。

第五动　两臂如山　握固

接上动，两拳握固姿势不变，屈肘展肩，两拳向外平移，两小臂向上直竖，与头平行，两虎口向内，两拳面向上，呈山字形；两下肢姿势不变。按如下顺序和意念要求依次默想：默想胸腔内的肺和心脏笑一笑；再想两个肩胛骨颠一颠；再想用两根银针同时捻转深刺一下两个肩胛骨之间背部的身柱穴和两乳头连线中点的膻中穴，顿觉有触电感时，两拳随之用力握一握。

第六动　展臂内旋　握固

接上动，两拳握固向身体两侧内旋平展，两拳虎口向下；两足尖内扣，马步姿势不变。按如下顺序和意念要求依次默想：默想颅腔内的脑组织笑一笑；再想两个耳朵颠一颠；再想用两根银针同时捻转深刺一下两眉头之间的印堂穴和头后面的脑户穴，顿觉有触电感时，两拳随之用力握一握。

第七动　展臂外旋　握固

接上动，两臂姿势均不变，两拳原地外旋，使拳心翻转向上，拳虎口朝后；两足尖外展，马步姿势不变。按如下顺序和意念要求依次默想：默想腹腔内的肝胆、胰脾等器官笑一笑；再想胃、肠颠一颠；再想用两根银针同时捻转深刺一下肚脐内的神阙穴和两耳尖连线中点的百会穴，顿觉有触电感时，两拳随之用力握一握。

第八动　两拳对脐　握固

接上动，两拳握固两臂回收，下降至肚脐两侧，虎口向上，两拳面相对；同时两足尖回收至平行状态，马步姿势不变。按如下七个部位的顺序和意念要求依次默想：

①默想两个踝关节内侧笑一笑；再想两个踝关节外侧颠一颠；再想用两根银针同时捻转深刺一下两个脚腕上方的解溪穴，顿觉有触电感时，两拳随之用力握一握。

②默想两个膝关节内侧笑一笑；再想两个膝关节外侧颠一颠；再想用两根银针同时捻转深刺一下两个腘窝中间的委中穴，顿觉有触电感时，两拳随之用力握一握。

③默想两个髋关节内侧笑一笑；再想两个髋关节外侧颠一颠；再想用银针捻转深刺一下两阴之间的会阴穴，顿觉有触电感时，两拳随之用力握一握。

④默想腹内膀胱等泌尿系统笑一笑；再想两个肾球颠一颠；再想用银针捻转深刺一下两肾间的命门穴，顿觉有触电感时，两拳随之用力握一握。

⑤默想胸腔内的肺和心脏笑一笑；再想两个肩胛骨颠一颠；再想用两根银针同时捻转深刺一下两个肩胛骨之间的身柱穴和两乳头连线中点的膻中穴，顿觉有触电感时，两拳随之用力握一握。

⑥默想颅腔内的脑组织笑一笑；再想两个耳朵颠一颠；再想用两根银针同时捻转深刺一下两眉头之间的印堂穴和头后面的脑户穴，顿觉有触电感时，两拳随之用力握一握。

⑦默想腹腔内的肝胆、胰脾等器官笑一笑；再想胃、肠颠一颠；再想用两根银针同时捻转深刺一下肚脐内的神阙穴和两耳尖连线中点的百会穴，顿觉有触电感时，两拳随之用力握一握。

然后，起身，左足向右足靠拢，恢复自然站立姿势，闭上眼睛，下意识地对上述意念进行"清零"，忘掉所有想象，进入"常无欲，以观其妙"的先天自然状态。待头部有松空感时，两拳松力降至两大腿外侧，即可做几次抖腕、提膝和随意拍打的放松运动，然后调匀呼吸，开始练习下一单元。

三、健身功效

此式马步站立，通过八个不同方向的握固动作，可有效锻炼两拳的握力和两腿两臂的力量；每个动作分七个念力点和在每个念力点上的四种意念练法，锻炼化打合一的整劲；可通经化瘀，安魂壮魄，提高健身治病和防身抗暴的功能。

下面请张全亮老师按规范要求，将第二单元即第四式演练一遍。

第五式

一、功法名称

撑肩长腰 宁心血（共7动）

二、规范要求

第一动　两拳握固 对肩井

接上式，两足自然站立，两拳握固姿势不变，上移、立肘、转肩、挺腰、观天、深吸气，两拳随之向上移动至拳面与肩井上下相对；两拳在向上移动的过程中，要随着吸气缓慢加力紧握，至吸气到极限时，憋住气，两拳仍不可松力；在憋气至极限时开始缓慢呼气，两拳随着呼气继续用意向内紧握，呼尽时头和上体复原，但两拳仍要用意不停地紧握，不得松力。

第二动　两拳握固 对颈部

接上动，开始缓慢地深吸气，两拳随吸气继续不停地用力紧握，同时两臂内旋，两肘外展，至拳面与颈部平行时吸气尽，尽量憋住气，两拳不可松力；在憋气至极限时开始缓慢呼气，两拳随着呼气继续用意向内紧握，呼尽时两拳回至两肩前，但两拳仍要用意不停地紧握，不得松力。

第三动　两拳握固 对两腋

接上动，缓慢深吸气，两拳随吸气继续不停地用力紧握，同时外旋下降至两腋下，待吸气至极限，尽量憋住气，两拳不可松力；在憋气至极限时开始缓慢呼气，两拳姿势、位置均不变，随着呼气继续用意向内紧握，至呼气尽仍不得放松。

第四动　两拳握固　对后背

接上动，挺胸缓慢深吸气，同时两拳后移至两拳背贴近背部，待吸气至极限时，尽量憋住气，两拳亦不可松力；在憋气至极限时开始缓慢呼气，胸背恢复原状，呼气尽时两拳贴背姿势不变，仍不可松力。

第五动　两拳握固　对腰肾

接上动，挺腰深吸气，两拳随降至腰肾部，待吸气至极限时，尽量憋住气，两拳亦不可松力；在憋气至极限时开始缓慢呼气，呼气尽时腰肾部恢复原状，两拳亦随之下落至两大腿外侧，虎口向内，拳心向后，两拳仍不得松力，以意念不停地紧握。

第六动　两拳握固　仰身举

接上动，深吸气，两臂和上体随着吸气极力向上、向后仰伸至极限时吸气尽，尽量憋住气，两拳亦不得松力；在憋气至极限时开始缓慢呼气，随着呼气上体前俯，两上肢姿势不变，两拳继续不停地用意向内紧握，随俯身向前伸够到极限时呼气尽。

第七动　两拳握固　俯身举

接上动，缓慢深吸气，两臂随之下降经两腿外侧，向后上方直臂反上伸举，两腿绷直，腰背勿屈，上体与两腿弯曲成90°，吸气尽时，尽量憋住气；在憋气至极限时开始缓慢呼气，随着呼气两拳继续不停地用意向内紧握，同时起身直立，两拳随之降至两大腿外侧，虎口向内，两拳十指松开，调匀呼吸，开始练习下一式。

三、健身功效

本式通过七个动作，以两拳向身体各个方位的绕转抻拉两个肩、肘、腕关节的韧带，可提高其柔韧性和力量，刺激肩臂周围所有经络穴位，防治肩、肘、腕部关节易发的疾患和退行性病变；通过与前面不同的独特的握固方法，能促进侧支循环，防治心脑血管淤堵。

第六式

一、功法名称

扣齿揉邪 击膻中（1动）

二、规范要求

接上式，改为自然呼吸，自然站立，两拳松握向上平提至与膻中穴平行至大约30厘米，两拳面的近节指骨根部要与八邪穴相互贴紧咬合，调整呼吸；呼吸调匀后，以扣齿带动两拳向内平移，边平移边用力握拳，边咬合顶揉两拳之八邪穴，边用力撞击自己的膻中穴。每扣一次齿，握拳一次、揉八邪穴一次，撞击一次膻中穴，共做7次，一、二、三、四、五、六、七。

三、健身功效

经常按规范要求练习此式，可固齿生津，补肾健脑，提神益智，通宣理肺，强心壮骨。

第七式

一、功法名称

吞津念诀 安脏腑（1动）

二、规范要求

接上式，两拳撞击膻中穴7次后，两手近节指骨根部紧贴八邪穴，两拳之虎口紧贴膻中穴停止不动。

开始以舌尖逆时针方向绕摩齿外牙龈五次（一次、两次、三次、四次、五次），再顺时针方向绕摩齿外牙龈五次（一次、两次、三次、四次、五次），然后再以舌尖向逆时针方向绕摩齿内牙龈五次（一次、两次、三次、四次、五次），再顺时针方向绕摩齿内牙龈五次（一次、两次、三次、四次、五次）；然后舌尖向上贴着上腭向后画立圆五次（一次、两次、三次、四次、五次），再向前反方向画立圆五次（一次、两次、三次、四次、五次）。

然后再以上下齿适度扣咬舌体，先扣咬舌尖五次；然后再分别适度扣咬两侧舌边各五次；然后再以舌尖从齿外向上抵住上唇系带，用上齿适度扣咬舌体中后部五次。

这时已经唾液满口，随即想象往口中放入一粒乌梅，用唾液将其鼓漱，溶化后，用意念控制下咽至膻中穴，随即以"静、绵、深、长"的深吸气为动力，推动两拳向两侧缓慢平行抻拉，乌梅液（也就是唾液）亦随着向四面八方雾化洇润，洇润至胸腔内外的脏腑组织、肌肉细胞、血管和皮肤时，两肩关节亦拉至极限，乌梅雾气亦正好全部洇润到位，这时要憋住气。

适度闭息后，再进行"悠、缓、细、匀"的缓慢呼气，并随着呼气默念"呬（发丝音）、吹、嘘、呵（发渴音）、呼、嘻"道家养生长寿六个字秘诀。两拳要随着呼气和默念缓慢回到原位（也就是膻中穴）。

然后想象再往口中放入一粒乌梅，进行鼓漱，溶化后，再将第二口乌梅液（也就是唾液）咽至小腹内，两拳亦随之降至肚脐前，随即用意念进行雾化，边雾化边以"静、绵、深、长"的深吸气为动力，推动两拳向小腹两侧缓慢平行抻拉，被雾化的乌梅气，亦随着向腹腔的四面八方洇润，洇润至腹腔内外的脏腑组织、肌肉细胞、血管和皮肤，两肩关节亦拉至极限，乌梅之雾气亦正好全部洇润到位，这时要憋住气。

适度闭息后，再一次进行"悠、缓、细、匀"的缓慢呼气，并随着呼气第二次默念"呬（发丝音）、吹、嘘、呵（发渴音）、呼、嘻"道家养生长寿六个字秘诀，两拳要随着呼气和默念缓慢回到肚脐前原来的位置。

随即想象往口中放入第三粒乌梅，进行鼓漱，溶化后，再将第三口乌梅液（也就是唾液）咽至会阴穴，两拳亦随之降至小腹下耻骨前，随即用意念进行雾化，边雾化边以"静、绵、深、长"的深吸气为动力，推动两拳向小腹两侧缓慢平行抻拉，被雾化的乌梅气，亦随着向两下肢内外上下四面八方洇润，洇润至两大腿内外的肌肉、细胞、血管和皮肤时，两肩关节亦拉至极限，乌梅之雾气亦正好全部洇润到位，这时要憋住气。

适度闭息后，再一次进行"悠、缓、细、匀"的缓慢呼气，并随着呼气第三次默念"呬（发丝音）、吹、嘘、呵（发渴音）、呼、嘻"道家养生长寿六个字秘诀，两拳要随呼气和默念缓慢回到耻骨前原来的位置。

然后，自然站立，闭上眼睛，下意识地对上述意念进行"清零"，忘掉所有想象，进入"常无欲，以观其妙"的先天自然状态，待头部有松空感时，即可做几次抖腕、提膝和随意拍打的放松运动，然后调匀呼吸，开始练习下单元。

三、健身功效

经常按规范要求练习此式，一可综合均衡调理，滋养强壮五脏六腑；二可提高消化吸收、吐故纳新的功能；三可提高免疫力，防老抗衰，防病治病，益寿延年。

下面请张全亮老师按规范要求，将第三单元即第五式~第七式演练一遍。

第八式

一、功法名称

第八式~第十三式

遁土观水 壮五行（1动）

二、规范要求

接上式，自然站立，两臂外旋缓慢向上平举至头顶上方；随之两手内合至两手指甲盖相贴时；再随之松脚腕、松膝盖、松胯、松腰、松肩、松肘、松手，屈膝下蹲，两手背相贴，随下蹲之势于膝前向下极力插伸，想象自己的两手臂变成两个巨大的机械臂，一直插到土层深处。

然后用力向前、向身体两侧、向身后挺身分拨；边分拨边起身，待两腿立直时，两手背恰好移至腰背，挺身观望，一个巨大的湖泊雏形展现在眼前。

随即再按上述要求做第二次蹲身下插、开挖、分拨，挺身观望，眼前的状似湖泊的大坑又深大了很多，地面已开始出现明水。

随即再按上述要求做第三次蹲身下插、开挖、分拨，挺身观望，眼前巨大的、状如湖泊似的深坑，就像被挖透了一样，地下泉水从四面八方向空中高速拱冒、喷发，眼前刚刚挖就的湖泊似的大土坑，瞬间变成了一片汪洋，形成了一个碧波荡漾、清澈到底的大湖。想象湖岸四周处处垂柳依依，花草喷芳，湖中倒影缥缈，群鱼漫游，顷刻进入了一种忘我无为的仙境。然后调匀呼吸，开始练习下一式。

三、健身功效

经常想象遁土可以调理脾胃，提高消化吸收的功能；经常想象观水或拨水可以补心安神，对循环系统、神经系统多有裨益；经常做遁土观水或拨水的动作可以平衡阴阳，强壮五行。

第九式

一、功法名称

潜水戏鱼 生童趣（1动）

二、规范要求

接上式，观景生情，又像回到童年，两手合掌前伸，情不自禁地纵身潜入水中，很快有很多不同品种，不同颜色，大小不一的鱼群游了过来与自己相戏，屈膝下蹲，以两手由前向后，由内向外，复由外向内，在鱼群中反复摸抓圈捞，群鱼各个摇头摆尾，左右矫健躲闪，情趣盎然，童心焕发。

然后想象起身出水换气，两手随起身之势先以两手的中指依次同时用力上下尽兴按揉两腿后面的合阳穴和两膝后面的委中穴；随即两手前移，再以两手的中指和大指上下同时用力尽兴按揉两膝外侧下面的阳陵泉穴和内侧下面的阴陵泉穴；随即立身屈膝两手上移，再以两手的中指和食指上下同时用力尽兴按揉两膝前外下侧的犊鼻穴和内下侧的膝眼穴；随即再立身两手向上移动，以两掌跟尽兴同时用力按揉两膝上中的鹤顶穴；绕膝揉摩后，两手贴两大腿前想象是从水中向上起身直立，两手自然下垂，要想象自己是从水中长出的一朵芙蓉花，眉开眼笑；此式要求做三次。

接下来我们做第二次，观景生情，又像回到童年，两手合掌前伸，情不自禁地纵身向稍远的地方潜入水中，很快有很多不同品种，不同颜色，大小不一的鱼群游了过来与自己相戏，屈膝下蹲，以两手由前向后，由内向外，复由外向内，在鱼群中反复摸抓圈捞，群鱼各个摇头摆尾，左右矫健躲闪，情趣盎然，童心焕发。

然后想象起身、出水、换气，两手随起身之势先以两手的中指依次同时用力上下尽兴按揉两腿后面的合阳穴和两膝后面的委中穴；随即两手前移，再以两手的中指和大指上下同时用力尽兴按揉两膝外侧下面的阳陵泉穴和内侧下面的阴陵泉穴；随即立身屈膝两手上移，再以两手的中指和食指上下同时用力尽兴按揉两膝前外下侧的犊鼻穴和内下侧的膝眼穴；随即再立身两手向上移动，以两掌跟尽兴同时用力按揉两膝上中的鹤顶穴；绕膝揉摩后，两手贴两大腿前想象是从水中向上起身直立，两手自然下垂，要想象自己是从水中长出的一朵芙蓉花，眉开眼笑。

第三次，观景生情，又像回到童年，两手合掌前伸，情不自禁地纵身向更远的地方潜入水中，很快有很多不同品种，不同颜色，大小不一的鱼群游了过来与自己相戏，屈膝下蹲，以两手由前向后，由内向外，复由外向内，在鱼群中反复摸抓圈捞，群鱼各个摇头摆尾，左右矫健躲闪，情趣盎然，童心焕发。

然后想象起身、出水、换气，两手随起身之势先以两手的中指依次同时用力上下尽兴按揉两腿后面的合阳穴和两膝后面的委中穴；随即两手前移，再以两手的中指和大指上下同时用力尽兴按揉两膝外侧下面的阳陵泉穴和内侧下面的阴陵泉穴；随即立身屈膝两手上移，再以两手的中指和食指上下同时用力尽兴按揉两膝前外下侧的犊鼻穴和内下侧的膝眼穴；随即再立身两手向上移动，以两掌跟尽兴同时用力按揉两膝上中的鹤顶穴；绕膝揉摩后，两手贴两大腿前想象是从水中向上起身直立，两手自然下垂，要想象自己是从水中长出的一朵芙蓉花，眉开眼笑。调匀呼吸开始练习下一式。

三、健身功效

经常按规范要求练习此式，可焕发童心，填精补髓，强健腰膝，延年益寿。

第十式

一、功法名称

洗髓涤腑 除痼疾（1动）

二、规范要求

接上式，两足自然站立，两手向前想象插入水中，再向上举过头顶，变成两个喷头，从头顶至脚，进行细致认真的整体外部喷洗，边洗两手边下降至两大腿外侧。

接着重复上述过程，不同之处是这次清洗是想象细致认真地喷洗颅腔、胸腔、腹腔和两腿内部的全部组织。边洗两手边下降两大腿外侧。

接着重复上述过程，不同之处是这次清洗是想象先把全部脑组织移至面前，进行细致认真的喷洗，清洗完毕复原。

接着将心、肺等移至胸前，进行细致认真的喷洗，清洗完毕复原；

接着将腹腔内全部脏腑移至腹前，进行细致认真的喷洗，清洗完毕复原，调匀呼吸，开始练习下一式。

三、健身功效

经常按规范要求练习此式，一可有效通经活络，活血化瘀；二可清理内部环境，化除沉疾固患；三可提高免疫功能，预防各种疾患。

第十一式

一、功法名称

抖翎擞毛 惊魂魄（1动）

二、规范要求

接上式，想象通过上述良性意念对全身脏腑进行精心细致的清洗，像是给自己的高档爱车，刚刚进行一次全面保养，一种美好欲试的激情，促使自己不由自主地做起了如下动作：即左足横移，两腿屈膝下蹲，马步展臂，掌心向前，随即用力尽情抖动两个踝关节，然后向上依次用力尽情抖动两个膝关节、髋关节、腰椎、胸椎、颈椎、肩关节、肘关节、腕关节；待两个腕关节抖动后，再依次用力尽情向回抖动两个肘关节、肩关节、颈椎、胸椎、腰椎、髋关节、膝关节、踝关节；待两个踝关节抖动后，再进行一次以腰胯为中心的快速用力尽情的全身抖动，抖动时要用意效仿公鸡抖翎或驴马撒毛时那种皮抖肉不动的功夫。

如此按上述规范要求反复抖擞三次。接下来我们做第二次，用力尽情依次抖动两个踝关节、两个膝关节、两髋关节、腰椎、胸椎、颈椎、肩关节、肘关节、腕关节；再依次用力尽情向回抖动两个肘关节、肩关节、颈椎、胸椎、腰椎、髋关节、膝关节、踝关节；最后再进行一次以腰胯为中心的快速用力尽情的全身抖动。

第三次用力尽情依次抖动两个踝关节、两个膝关节、髋关节、腰椎、胸椎、颈椎、肩关节、肘关节、腕关节；再依次用力尽情向回抖动两个肘关节、肩关节、颈椎、胸椎、腰椎、髋关节、膝关节、踝关节；最后再进行一次以腰胯为中心的快速用力尽情的全身抖动。

练毕起身自然站立。调匀呼吸，开始练习下一式。

三、健身功效

经常按规范要求练习此式，一可通经化瘀，强健脏腑、滑利关节；二可增强肌肉韧带的弹性和爆发力，既能祛病强身，又能提高防身的功能。

第十二式

一、功法名称

呼吸天地 体还童（共3动）

二、规范要求

第一动　上举下坠快呼吸

接上式，双手握固，凝神聚力，快速用力收缩鼻翼，以鼻腔深吸气，同时提起足跟、两拳心相对直臂上举，以冲天之势助力，重心移于两前脚掌，身体随之稍向前倾，站稳，适当闭息。吸气时两鼻翼尽量与鼻腔相贴，发出吸气的声音。

随即用力、快速以鼻呼气，同时屈膝坐胯、沉肩坠肘，足跟落地，足尖翘起，以坠地之势助力，呼气时鼻腔放松复原，同时要发出呼气的声音。

一起，吸气，一落，呼气为一次，共做三次。

接下来我们做第二次，提足跟、举臂深吸气；屈膝坐胯、沉肩坠肘，足跟落地，足尖翘起，同时呼气。

第三次，提足跟、举臂深吸气；屈膝坐胯、沉肩坠肘，足跟落地，足尖翘起，同时呼气。练毕起身自然站立。

第二动　蓄哈发哼震寰宇

接着屈右膝，松右胯，左足向左前移，足尖虚着地面，成左虚步，左臂前伸，左掌掌心向内，掌指朝前，自然松舒，右臂屈肘后抽，同时用力发"哈！"以蓄劲。

随即屈左膝，蹬右足，成左弓步，同时右掌以掌根用力向前推拥，四指上竖，松腰坐胯，左臂屈肘回收，置于腰胯间，同时闭口以鼻腔用力发"哼！"以助其力。

第二次，重心后移，屈膝坐胯，成左虚步，右掌回收左掌前伸，同时收腹用力发"哈！"以蓄劲。

随即再屈左膝，蹬右足，成左弓步，同时右掌以掌根用力向前推拥，四指上竖，松腰坐胯，左臂屈肘回收，置于腰胯间，同时鼓腹闭口以鼻腔用力发"哼！"以助其力。

一侧连续做两次，做完左侧，再按上述要求重复做两次右侧的"蓄哈发哼"的肢体运动，唯方向相反。

第三动　按地腾空展四肢

接上动，两掌按地，同时快速有力地发"哈！"随即纵身上跳腾空，四肢同时向身体两侧伸展撑蹬，同时快速有力地发"哼！"以助其力，此式也叫双飞燕，共做两次。第二次，两掌按地，同时快速有力地发"哈"！随即纵身上跳腾空，四肢同时向身体两侧伸展撑蹬，同时快速有力地发"哈"！

此式欲达到规范要求，难度较大，不宜在老年人和有高血压、心脑血管疾病的人群中推广，只适于年轻人修炼。

年老多病者欲练此式，动作要轻柔缓慢，不要用力纵跳和撑蹬，要用意不用力。

三、健身功效

经常按规范要求练习此式，可有效增大肺活量，振奋精神，壮大气魄，强筋健骨，补肾壮阳，即有极好的祛病强身作用，又有极强的防身功效。

第十三式

一、功法名称

踩云回看 神仙势（1动）

二、规范要求

接上式，想象自己站在一片祥云上，两脚要有腾挪之意，并不断地左右移动变换重心，周身放松，同时举头拎椎吊直身躯，扭头向身后观看，左右重复三次（一次、两次、三次）。

然后两肾左右慢慢相找，两足随之慢慢靠拢，恢复预备势的状态。随即再闭上眼睛，下意识地对头脑中所有的意念进行"清零"，忘掉所有想象。进入"常无欲，以观其妙"的先天自然状态。待头部有松空感时，即可做几次抖腕、提膝和随意拍打的放松运动，开始练习下一单元。

三、健身功效

此式即是整个功法的整理运动，也是很好的健身功法。经常按规范要求练习此式，一可有效调整颈椎和脊椎力学失衡，防治颈椎和脊椎各种疾患；二可舒肝理气，清心明目，益智安神，对高血压、高血脂、高血糖的防治亦有裨益。

下面请张全亮老师按规范要求将第四单元即第八式~第十三式演练一遍。

第十四式

一、功法名称

太极按摩 气归经（共10动）

第十四式

二、规范要求

此式即整个功法的收式，上述整个功法练毕，要用此法进行全身按摩以回收心意，回收营养，纳气归经。本按摩法与诸家按摩法均有不同，其特点是用太极拳缱绻自如的意念和方法，进行循经的周身各部位的按摩。做起来极有情趣，所以也叫太极按摩术或缱绻按摩法或周身按摩法。本功法如果作为独立功法单独练习，则有"狠""重""轻""离""念""蜕"六种意念练法。

这里提到的"狠"就是按摩前想一下虎啸的形象，意入骨髓；"重"就是按摩前想一下横空出世的大山，意透肌肤；"轻"就是按摩前想一下朵朵白云的蓝天，意擦汗毛；"离"就是按摩前想一下西山悬磬之声，手离皮肤，以气按摩;"念"就是无动作,凝神遐想按摩;"蜕"就是按摩时要用意观想童年伙伴戏水,欢快无比。这六种意念练法,此处则只采用肌肤按摩法,即按摩要先想一下横空出世的大山,意透肌肤。共分十个部位进行按摩。

第一,搓手捂脸
两掌搓热,捂在脸上,体会热量向脑内渗透。

第二,头颈按摩
①两手由面部向头顶及脑后按摩。

②两掌小指外侧按摩至风池穴时自然滚立外旋,向下摩至两手背完全贴在脖子上。

③再以肘摧腕,以腕摧掌,边摧动边翻转两掌,使掌心向内。掌根极力原地揉摩耳根后的翳风穴。

④待两掌心完全转向颈部时,开始用两手指端反复扒摩脖颈的两根大筋。

⑤返回时用手掌搓摩下颌,至耳根时,再向上反搓,同时两肘向上掀立,转挑掌根,以两大拇指两大指内侧,沿耳根向上逆摩,再于耳前切线向下按摩,待两大拇指摩至耳垂下的听会穴下边时,两掌心要紧贴面颊。

⑥然后以两手中指、食指夹住耳根前后向上向下反复尽兴夹摩。

⑦待两掌中、食指底部挨住耳根时,两掌大拇指肚要按住翳风穴,随即再向下沿颌骨按摩颌下淋巴。

⑧待两掌食指接近耳垂下端,再以食指指端按住耳垂前的凹陷处,向上沿耳前切线反摩听会、耳门、太阳等穴。

⑨然后再以两掌食指中节由外向内按摩上眼眶,随即再以食指指肚由上向下、向外按摩下眼眶,反复绕摩尽兴为止。

⑩待向内摩至眉心时,再以两手食指中节和指肚先后向相反的方向反复尽兴绕摩上下眼眶。

⑪待两手食指按摩至印堂穴时,再向下、向上反复尽兴搓摩鼻翼两侧和迎香穴。

⑫然后再平抬两肘,两手食指上下分开,右手食指在上,以食指侧面贴住人中穴,左手在下以食指侧面贴住承浆穴,两手心均向下,左右交叉反复尽兴搓摩。

⑬然后再立掌以全手掌向上、向内、向下,再向上尽兴做洗脸式按摩。

⑭然后再沿反方向由内向外、向下尽兴反复做洗脸式按摩。

⑮然后两掌再尽兴上下反复搓摩两侧面颊。

⑯然后两掌同时在面部左右横向绕头搓摩，去时过耳，大拇指到哑门穴，回时稍摩耳背，左右如是尽兴为止。按摩时头颌尽量向相反方向扭转，以助其势。

⑰上动做完，两掌心盖住两眼稍停，让两掌热量向眼内、头内渗透，随即两掌同时向下按摩，摩至指端接近下颌骨下缘时，两手掌分开成倒八字，向斜上方反搓过耳至脑后枕骨处，以两手心相合为度，复再按原路回搓，并稍搓耳背，尽兴为止。

⑱上动做完，两手在脑后十指交叉，横向左右尽兴反复搓摩脑后及脖颈和两风池穴，擦热稍停，认真用意体会热量向脑内渗透。

⑲然后仰头与两手争力，扩胸深吸气，感觉头脑极其清醒，心胸极为舒畅。气吸到不能再吸时，适度闭息，再尽量做一次深吸气，然后慢慢呼气。身体自然放松，头部恢复原状。

⑳然后头部略低，两手沿后发际反摩过头顶，随即再向下按摩面部至两手交叠，顺势按摩摩脖颈（左手在上，右手在下）。

第三，胸腹按摩

上动不停，两手分开向下按摩胸、腹，至两大腿根部。

第四，下肢内外按摩

上动不停，两掌不停继续向下按摩两大腿内侧、两脚内踝骨、两脚面、两脚外踝骨，再由下而上，边直腰，边按摩两腿外侧，直腰后按摩至臀部。

第五，腰肾按摩

上动不停，两掌继续向上按摩至两肾后，两掌同时上下尽兴反复搓摩两腰肾，搓至极热，稍停，体会热气灌注肾府。

第六，下肢后前按摩

上动不停，俯身两手随势从腰部开始，经臀部向下按摩两下肢后侧至两脚后跟，再绕摩至两脚面，再向上边直腰顺势按摩两下肢前侧。

第七，腹胸肋绕摩

上动不停，两掌顺势向上按摩腹、胸，摩至两乳房时，沉掌根绕至两腋下沿肋直下按摩。摩至两胯根时，再按原路由腹至胸、肋、胯尽兴重复按摩；然后再按原路线向反方向按摩，以舒通冲脉。

第八，带脉按摩

上动不停，两掌摩至脐前腰带处时，再向后，向两侧、向前沿腰带绕圈反复尽兴按摩，以舒通带脉。

第九，上肢按摩

上动不停，两掌向前摩至脐前时，两手掌合用力搓热，然后左手向左前方直臂翻掌摆动，右手亦随左手之翻摆，从左掌开始按摩，向上摩左臂内侧，以舒通手三阴之经。左臂展到极限时，右手掌按摩至肩头，左手顺势内旋向后翻转、降落，五指成后勾状，尽量向左后上方直臂上勾，手心朝上，至肩、肘关节到极限时，左肩头内旋与右胯相合，复向后抽提，右手掌则顺势按摩左肩头外侧；左大臂外侧，左肘头，左腕，左手指端，以舒通手三阳之经络；动作不停，右手开始向前上方翻摆，左手开始按上述要求按摩右臂内侧、外侧，以舒通右侧手三阴三阳之经络，如是按摩左右臂，尽兴为止。

第十，收式

接上动，两手掌相合，十指虚虚相贴，高举过头，然后沉肩坠肘徐徐降至胸前。两手小指、无名指依次分开，掌心向下，其余三指相接成环，下降、回收，套在肚脐上，想象宇宙和五脏之精气汇聚丹田，待腹部发热，两手分开下降，以两手中指点按一下小腹两下角的气冲穴，并立即用两手掌心盖住两气冲穴，稍停；两掌向下移至两大腿外侧，中指对准风市穴时，用意点按一下，待有热感，再用意念将其热量吸收入丹田。然后进入"闭目""清零""无欲观妙"的先天自然状态。待头部有松空感时，即可做几次抖腕、提膝和随意拍打的放松运动，收式还原。

三、健身功效

此功法是提高太极拳演练效果，使之达到高级境界的有效方法；是提高人体对暴力进攻反应的灵敏度和应变能力的好方法；特别是对太极推手技艺的提高，有很好的效果。

本功法初次练习即可周身发热，心情舒畅，头脑清醒，得气极快，治病和挖掘人体潜能效果极佳。练时要特别注意缠绵不断，缱绻不停，如胶似漆，劲断意不断。

注：上述易筋洗髓返还功十四式，根据动作数量多少和运动量大小，大体分了五个单元。修炼时可以一个单元、一个单元的分段练习；如果体力支持，也可以一气呵成整体练习；亦可以根据自己的时间和兴趣，任意选择其中一个或几个式子进行单独练习或组合练习，都会获得理想的功效。亦可不加任何意念，从头至尾不停地像太极拳那样练，趣味无穷，健身效果亦很理想。但是无

论采取哪一种练法，按单元练，整体练，一个式子单独练，或几个式子随意组合练，收式时都要做一次"闭目""清零"，忘掉所有想象和意念，让身心完全进入"常无欲，以观其观妙"的先天自然状态。待头部有松空感时，做几次抖腕、提膝和随意拍打的放松运动，再收式还原。

下面请张全亮老师按规范要求，将第五单元即第十四式演练一遍。

第二节 功法简化版 完整练习口令

简化版完整练习口令

第一式 天人合一 入佳境（即预备势）（1动）

两足原地踏步，做三次先呼后吸的深长呼吸。再按如下七句歌诀的要求，调理净化自己的身心：

第一句：端庄平稳，气度开阔

第二句：三融四坠，断镶润笑

第三句：如沐春风，神舒气畅

第四句：下颌微收，舌尖上抵

第五句：眼向前看，耳向后听

第六句：着意丹田，背与后融

第七句：身觉摇动，渐入佳境

第二式 调坎填离 水上行（即起式）（4动）

默想践行如下六句歌词：

第一句：重心左移右控左，两足平立横膈松

第二句：阴阳悬踏水上行，汇聚丹田神气充

第三句：肩肘如辘手如桶，提水摇摇到山顶

第四句：水至巅峰慢灌溉，毛发身心沐春风

第五句：一气三清透顶门，任其百脉自调匀

第六句：全身空透西山罄，虎吼猿鸣河水净

第三式 灌指旋腕 清肺肠（4动）

第一动：内外旋腕 灌指

第二动：沉掌后翘 前折

第三动：沉掌前翘 后折

第四动：沉掌外翘 内折
第四式　八方握固　气力增（8动）
第一动：两臂下垂 握固

第二动：两臂前伸 握固

第三动：两臂上举 握固

第四动：两拳对耳 握固

第五动：两臂如山 握固

第六动：展臂内旋 握固

第七动：展臂外旋 握固

第八动：两拳对脐 握固

第五式　撑肩长腰　宁心血（7动）
第一动：两拳握固 对肩井

第二动：两拳握固 对颈部

第三动：两拳握固 对两腋

第四动：两拳握固 对后背

第五动：两拳握固 对腰肾

第六动：两拳握固 仰身举

第七动：两拳握固 俯身举

第六式　扣齿揉邪　击膻中（1次）
第七式　吞津念诀　安脏腑（1动）
第八式　遁土观水　壮五行（1动）
第九式　潜水戏鱼　生童趣（1动）
第十式　洗髓涤腑　除痼疾（1动）
第十一式　抖翎擞毛　惊魂魄（1动）
第十二式　呼吸天地　体还童（3动）
第一动：上举下坠快呼吸（三次）

第二动：蓄哈发哼震寰宇（左右各两次）

第三动：按地腾空展四肢（两次）

第十三式　踩云回看　神仙势
第十四式　太极按摩　气归经
分十个部分进行按摩

第一、搓手捂脸

第二、头颈按摩

第三、胸腹按摩

第四、下肢内外按摩

第五、腰肾按摩

第六、下肢后前按摩

第七、腹胸肋绕摩

第八、带脉按摩

第九、上肢按摩

第十、收式

第四章　功法相关穴位及相关知识

为了读者查阅方便，现将易筋洗髓返还功每一式中的针灸穴位及相关知识简介集中摘录如下。

第一式

①肩井穴：位于两肩上凹陷中；属于足少阳胆经；主治头项疼痛、肩背疼痛、上肢不遂、难产、乳痈、乳汁不下、瘰疬等。

②环跳穴：位于臀外、侧卧、屈膝、足跟所触之处；属于足少阳胆经；主治腰胯疼痛、半身不遂、下肢痿痹等。

③阳陵泉穴：位于正坐屈膝成90°，膝关节外下方凹陷处；属于足少阳胆经，八会穴之筋会；具有活络舒筋、利胆疏肝之功效。主治黄疸、口苦、呃逆、呕吐、扭伤、胁肋疼痛、下肢痿痹、关节疼痛、肩痛、高血压等。

④仆参穴：位于外踝后下方，昆仑直下，跟骨外侧，属于足太阳膀胱经的腧穴，具有通窍醒神、舒筋通络、壮骨止痛之功效。主治坐骨神经痛、踝关节炎、下肢瘫痪、膝肿、脚气、尿路感染、癫痫、抽搐、荨麻疹等。

第二式

①涌泉穴：位于足底部，属于足少阴肾经；主治头痛头晕、小便不利、便秘、足心热、癫痫、昏厥等。

②百会穴：位于头顶部，属于督脉；主治头痛、眩晕、中风、失语、癫狂、脱肛、泻泄、失眠、健忘等。

第三式

①内劳宫穴：位于掌心处，属于手厥阴心包经；主治心痛、呕吐、癫狂、

口疮、口臭等。

②商阳穴：位于食指内侧末端，属于手阳明大肠经；主治咽喉肿痛、耳鸣耳聋、中风昏迷、热病无汗、下齿痛、青光眼等。

③后溪穴：位于握拳时小指外侧根部横纹端，属于手太阳小肠经，为八脉交会穴之一，通于督脉；主治头项疼痛、耳聋、热病、疟疾、癫狂、癫痫、盗汗、目眩、目赤、咽喉肿痛等。

④列缺穴：位于两手虎口相贴，食指端所指向的凹陷处；属于手太阴肺经，亦为八脉交会穴之一，通于任脉；主治咳嗽、气喘、咽喉痛、半身不遂、口眼歪斜、偏头痛、项强痛、牙痛等。

第四式

①伏兔穴：位于屈膝成90°，以对侧手掌后第一横纹中点，按在髌骨上缘中点，手指并拢压在大腿上，中指尖端所达之处，属于足阳明胃经；主治腿痛、下肢不遂、脚气、疝气、腹胀等。

②解溪穴：位于足背与小腿交界处的横纹中央凹陷中，属于足阳明胃经；主治头痛、眩晕、癫狂、腹胀、便秘、下肢痿痹、目赤等。

③委中穴：位于膝关节后腘窝横纹中点，属于足太阳膀胱经；主治腰痛、下肢痿痹、中风昏迷、半身不遂、腹痛、呕吐、腹泻、小便不利、遗尿、丹毒等。

④会阴穴：位于二便之间中点，属于任脉；主治小便不利、遗尿、遗精、阳痿、痛经、月经不调等疾患。

⑤命门穴：位于腰部正中线与前面肚脐相对的位置，属于督脉；主治遗精、阳痿、带下、遗尿、尿频、月经不调、泄泻、手足逆冷等疾患。

⑥身柱穴：位于背部正中线第三胸椎棘突下凹陷中，属于督脉；主治咳嗽、气喘、癫痫等疾患。

⑦膻中穴：位于两乳头连线的中点，属于任脉；主治咳嗽、气喘、胸痛、心悸、乳少、呕吐、噎膈等疾患。

⑧印堂穴：位于两眉之间连线的中点，属于经外奇穴；主治头痛、眩晕、鼻衄、失眠等疾患。

⑨脑户穴：位于头部后发际正中直上2.5寸，枕外隆凸上缘凹陷处，属于督脉；主治头痛、项痛、目眩、癫痫、高血压、视神经炎等疾患。

⑩神阙穴：位于肚脐中央，属于任脉；主治腹痛、泄泻、脱肛、水肿、虚脱等疾患。

第五式

极泉穴：位于上臂外展，在腋窝顶点，腋动脉搏动处，属于手少阴心经；主治心痛、心悸、肩臂疼痛、胁肋疼痛等。

第六式

①八邪穴：位于手背第1~5指间的缝纹端，左右手共八个穴，是虚邪贼风易侵之地；属于经外奇穴，经常揉顶刺激八邪穴可防治头痛、项痛、咽喉痛、齿痛、目痛、手背痛、手指麻木、烦热等疾患。

②牙齿："齿为骨之余"，长扣齿可以固肾、强筋、壮骨。强健牙周组织，使人健美；使脑部骨骼和脑组织放松、除胀、化瘀、健脑、益智、提神、生津；平衡阴阳。

第七式

①舌体：乃"脾胃之外候"，脾为气血生化之源，是人的后天之本。练舌可以健脾养胃，能吃能睡。舌是"心之苗窍"。"心通于舌"，练舌可以调和心血；舌尖属心肺，舌边属肝胆，舌中属脾胃，舌根属肾。脏腑的精气上营于舌，脏腑的病变可以通过锻炼舌体来防治。

②乌梅：药性为酸、涩、平；归肝、脾、肺、大肠经；它有敛肺止咳、涩肠止泄、生津止渴等作用。

③唾液：历代练功家、养生家都视为健身之宝，并形容为"金津""玉液""琼浆""玉浆""玉泉""灵液""神水"等；"活"字由"千口"和"水"组成，可以悟出古人给予唾液的养生地位。即舌边能生水，舌有水则活，多练口水则可以长生。

津液，是人体一切正常水液的总称，包括胃液、肠液、唾液、泪液等。气血津液是构成人体的基本物质，是人体脏腑经络、组织进行生理活动的物质基础。津液对五脏六腑、肌肤、关节等都有滋润和濡养的作用。津液散布肌表，可以滋润和保护眼、鼻、口等孔窍；它渗于血脉内，能充养、滑利血脉及生化血液；它流注于内脏组织器官，可以濡养滋润各脏腑组织；它渗入骨髓，充养滋润骨髓、脑髓；它流注于关节腔，可以滑利关节。

祖国医学认为，"肾主五液，入肝为泪，入心为汗，入脾为涎，入目为涕，入肺为唾"。

"唾为肾之液"。练唾可以强化肾的功能，肾属水，水生木，木生火，火生土，土生金，金又生水。按五行相生相克的道理，万物水中生，练了唾液强化肾的功能，肾水充盈可以养肝、补心、健脾养胃、宣通肺气。虽然唾液只是津液的一部分，但是唾液好练。以唾为帅，肾的功能强化了，其他脏腑器官的功能也跟着强健起来，其他水液代谢功能也跟着兴旺起来。

肾为先天之本，脾为后天之本。一切津液都要靠胃肠对饮食水谷的消化和吸收，再通过脾的"运化"、肺的"宣发""肃降"、肾的"蒸腾"和"升清""降浊"来生成。唾液通过"扣齿""转舌"等意念锻炼，通过上述大体过程产生出来，使整个内脏机能、神经系统得到锻炼，然后把唾液咽下去，"津能载气"，唾液带着各种"信息""营养"进入身体各部，起到消化、滋阴、降火、解毒、滋润和濡养的作用，犹如昼夜之更替、四季之循环，沿着生——化、化——生的良性循环过程，使人体素质不断提高。

现代医学的研究成果表明，唾液里所含的物质不但有助于消化功能，而且可以增加凝血酶元，可以杀死或抑制外来细菌，可以防癌、治癌，增强人体对各种疾病的免疫能力和身体神经机能。

④六字秘诀，道家养生长寿六字秘诀可有效调理脏腑的失衡，预防治疗各脏腑的功能性病变，在多年的教学实践中，笔者深深体会到，"道家养生长寿六字秘诀"对常见的脏腑疼痛、上火、烦躁等症状，都有立竿见影的神奇疗效。多年前笔者曾发表过一篇短文，题目就叫"默念六字言，善治痛、火、烦"。

"呬"字主肺，常默念此字，能有效调理肺经气血之阴阳失衡。

"吹"字主肾，常默念此字，能有效调理肾经气血之阴阳失衡。

"嘘"字主肝，常默念此字，能有效调理肝经气血之阴阳失衡。

"呵"字主心，常默念此字，能有效调理心经气血之阴阳失衡。

"呼"字主脾，常默念此字，能有效调理脾经气血之阴阳失衡。

"嘻"字主三焦，常默念此字，能有效调理三焦经气血之阴阳失衡。

第九式

①合阳穴：位于腘窝横纹中点直下两横指处，属于足太阳膀胱经；主治腰脊强痛、下肢痿痹、疝气、月经不调、前列腺炎、睾丸炎等疾患。

②委中穴：位于腘窝横纹中点，属于足太阳膀胱经；主治腰脊疼痛、下肢痿痹、腹痛、急性吐泻、小便不利等疾患。

③阴陵泉穴：位于膝关节内侧下方凹陷处，属于足太阴脾经；主治腹胀、水肿、小便不利或失禁、男女阴痛、遗精、膝痛、黄疸等。

④阳陵泉穴（同前）。

⑤犊鼻穴：位于正坐位屈膝成90°，在膝盖外侧凹陷处，亦称外膝眼，属于足阳明胃经；主治膝痛、膝关节屈伸不利，下肢麻痹等疾患。

⑥内膝眼：位于正坐位屈膝成90°，在膝盖内侧凹陷处，与犊鼻穴相对，属于经外奇穴；主治膝关节疼痛、腿痛、脚气等。

⑦鹤顶穴：位于正坐位屈膝成90°，在膝盖上方凹陷处，属于经外奇穴；主治膝关节疼痛、腿足无力、脚气等疾患。

第十式

①风池穴：位于项部后头骨下，两条大筋外缘凹陷处，大致与耳垂齐平，用力按压有酸胀感即是，属于足少阳胆经；主治头痛、眩晕、目赤肿痛、鼻渊、鼻衄、耳鸣、耳聋、颈项强痛、感冒、癫痫、中风、热病、疟疾、瘿气、视网膜出血，视神经萎缩等。

②翳风穴：位于耳垂后方凹陷处，属于手少阳三焦经；主治口眼歪斜、牙关紧闭、颊肿、耳鸣、耳聋、齿痛等头面五官疾患；瘰疬、腮腺炎；膈肌痉挛等。

③听会穴：位于面部，耳屏间切迹的前方，张口凹陷处，属于足少阳胆经；主治耳鸣、耳聋、齿痛、口眼歪斜、面痛等。

④耳和髎穴：位于鬓发际的后缘，耳扩根的前方，属于少阳三焦经；主治头痛、耳鸣、耳聋等。

⑤耳门穴：位于面部耳屏上切迹前，张口凹陷处，属于手少阳三焦经；主治耳聋、耳鸣、齿痛等。

⑥太阳穴：位于头侧部眉梢与外眼角之间向后约一寸处凹陷处，属于经外

奇穴；主治头痛、目赤肿痛、爆发火眼、目翳、迎风流泪、口眼歪斜等。

⑦印堂穴：位于两眉头连线的中点处，属于督脉；主治疼痛、目眩、鼻渊、鼻衄、目赤肿痛、失眠、高血压、结膜炎、面神经麻痹、神经衰弱等。

⑧迎香穴：位于鼻孔外凹陷处，属于手阳明大肠经；主治鼻塞、鼻衄、口歪、口噤等。

⑨人中穴（水沟穴）：位于面部鼻下沟中上三分之一处，属于督脉；主治晕厥、中暑、中风、昏迷、癫狂、低血压、腰脊强痛等。

⑩承浆穴：位于正坐仰靠，颏唇沟正中凹陷处，属于任脉；主治口歪、齿龈肿痛、流涎、口舌生疮、癫痫等。

⑪哑门穴：位于项部，后发际正中直上0.5寸，第一颈椎下，属于督脉；主治舌强不语、头痛、项强、癫痫、癔病、脑膜炎、脊髓炎等。

⑫神庭穴：位于头部前发际正中，直上0.5寸处，属于督脉；主治头痛、眩晕、失眠、癫痫、鼻渊、鼻衄、目赤肿痛、夜盲症、泪囊炎、结膜炎、惊悸、记忆力减退等。

⑬气冲穴：位于腹股沟稍上方，脐中下5寸，左右各旁开2寸处，属于足阳明胃经；主治坐骨神经痛、股外侧皮神经炎、脊髓灰质炎后遗症、下肢瘫痪、荨麻疹等。

⑭风市穴：位于直立两手自然下垂，掌心贴于大腿，中指尖达到的地方，属于足少阳胆经；主治下肢痿痹、遍身瘙痒、脚气、头痛、眩晕等。

⑮皮肤：乃人体第一道防线，兼有营、卫两大作用。皮肤之健康与皮肤之灵敏程度，对人体之抗病和抗暴能力均有重要作用。现代医学实践证明，人体皮肤的分泌物，可以控制人体内胆固醇代谢、杀菌免疫、加强甲状腺素的作用、抑制细菌生长、滋润皮肤。

皮肤可以制造营养，皮肤中含有7-脱氢胆留醇的化合物，在紫外线的作用下可以转变成维生素D，可以防治软骨病、强体健骨。

皮肤也有呼吸功能。医学家发现，它从空气中直接吸收的氧气，占身体需氧量的2.5%，同时还呼出3%的二氧化碳等废气。

另外，皮肤还有适应环境和抵御外来侵犯等作用。中医还有"皮毛生肾"之说。皮肤光泽、柔润、富有弹性，反映人体精足、血旺、活力强；皮肤如有皱纹、黑斑、枯燥、色暗、松弛，乃人体衰老、患病或衰弱之表现。

第五章　功法浅析与应用

第一节　功法浅析

　　《易筋洗髓返还功》是我与夫马永兰在数十年研练梁式八卦掌、吴式太极拳、道家龙门派"返还功"等养生健身功法基础上综合提炼而创编的。它熔儒、释、道、武、医等多家内功心法为一炉，内外兼修，内涵丰富，具有祛病延年、开智开悟和御敌抗暴等综合功效。《易筋洗髓返还功》是传统武术文化的精粹，它是传统的，也是现代的；既是古法，也是今法，充满着养生健身智慧，更具时代精神和现实意义。本节着重从七个方面对《易筋洗髓返还功》养生健身智慧及其现实意义作初步思考。

一、感而遂通天下之故

　　《说文解字》曰："感，动人心也"。《易·咸卦》象曰："……天地感而万物化生，圣人感人心而天下和平。观其所感，而天地万物之情可见矣。""感"从心，感通天下，感而万物化生，感而万物化醇，天地、日月、男女、万事万物，它们之间的相互联系和相互作用，都是通过"感"来实现的。

　　强化训练感觉之"感"，通过体悟感觉、敏锐感觉，使人体的每个部位，每一寸肌肤，每一根毫毛，甚至每一个细胞都高度灵敏，神意高度集中，内心高度空灵，触一发而动全身，触一觉而动万机，达到"阶及神明"的理想状态，这不仅是返还之道，更是登高大成阶梯。感觉之"感"就像一条红线贯穿《易筋洗髓返还功》始终。

　　在练功过程中，要始终保持清醒的头脑，细致入微地体会功法中每式每动所设定的各种自然情景和身体规范的感受，并要求这种感受实现以后，随即将其忘掉，所以在每段功法后面都重复着相同的内容："静一静，使自己的身心完全从'常有欲，以观其徼'进入'常无欲，以观其妙'的先天自然状态，下意识地对上述意念进行'清零'，待头部有松空感时，即可练下一式。"这不是简单的重复，而是经过精心设计的，既可承上启下，又可通过意识"清零"、物我两忘、无感之感，达到"后天返先天"的目的。

又如，从预备势过渡到起式的"两足平立"动作，不是简单的左足向左横跨一步，而是要求在清醒的感觉状态下，以右手调控左足，通过右手小指、食指、中指、无名指、大拇指依次指地，来调控左脚大趾、二趾、三趾、四趾、五趾等依次着地，并要求认真体会"顿时感到横隔膜非常松畅，会自然地呼出一口很痛快气"的感觉。这样做的目的，一方面是通过这种感觉的运动过程，来训练感知意识的专注与灵敏，强化健身抗暴功能；另一方面能够引导手足之井穴（全身十二经的井穴均分布在手指、脚趾末端浅表处）的压力传感，产生中医针灸的"针感"效应，达到疏通经络，祛病健身的目的。

再如，第四式"八方握固气力增"中，我们通过各种多姿多趣的想象和动作，对解溪、委中、会阴、命门、身柱、膻中、印堂、脑户、神阙、百会等重要敏感穴位进行"意念针灸"，使之产生触电"针感"。其医理、治则、疗效，与针灸的实际临床异曲同工。若内气充盈，念力强大，则能起到"气至而有效，效之信，若风之吹云"的奇特效果。

感觉之"感"真是一个神奇的字眼，在我们现代人的思想、情感和心理中有许多由感而生的词语，如感受、感悟、感应、灵感、伤感、感情、感动、感恩、感怀、感触、感化等，伤口发炎了叫"感染"，受了风寒叫"感冒"，真是无处不感，处处感，"感而遂通天下之故也"。

二、左右移动脏腑安

现实生活中，低头看手机、躺在沙发上看电视、跷二郎腿等不良姿势非常普遍。这些不良姿势会使我们的颈椎和脊柱发生歪斜，内脏和血管受到压迫，导致神经紧张、淋巴循环受限，进而引起身体酸痛、头脑昏沉等症状，使身体时常处于疲劳状态，总觉得很累。如何缓解这些问题？易筋洗髓返还功第二式中为大家开出了一个简单易行的处方，要求自然站立的两足左右不停地移动重心，使左右肩井穴与涌泉穴上下相对贯通，很快就会觉得脚心发热，肩井饱满，神清气爽，精力充沛。

研究表明，人体是由五脏六腑等器官组织和各种体液组成的，成年人的体液一般占其体重的60%左右，到了70岁以后，体液占其体重的50%左右。也就是说，你的体重如果是150斤，按60%计算，体液约为90斤，相当于90瓶500毫升瓶装水重量的体液储藏在人的体内，人体就像是一个充满水的皮囊。当我们举头拎椎吊，闭目塞听，两足左右不停地移动重心使肩井找涌泉时，人体受重力的影响，整个"水皮囊"的形状就会发生改变，体内的器官和体液就会发生位移，五脏六腑就会被挤压牵拉而得到按摩，调整后各归其位；髋骨、腰椎、胸椎、颈椎、肩胛骨等骨骼系统也能得到调整，恢复正常状态。这个动作是太极拳名家王培生先生传授的一个"调坎填离，升清降浊"的小功法，能快速使"泉水"上升，浊气下降，培元提神，对现代人因不良姿势、熬夜等导致的疲劳、酸痛、上火等"亚健康"问题，有很好的疗愈作用。

"两足左右不停地移动重心，使左右肩井穴与涌泉穴上下相对贯通"时，人体呈现钟摆式运动，像个"不倒翁"，但始终不失"中"。太极拳最重要的理论精华就是要求在体、用两个方面随时保持"中正安舒""勿令顺随"的状态。"中正安舒""勿令顺随"可使五脏六腑得位，气血周流顺畅，不仅可有效防治关节病和因气滞血瘀引起的各种疾患，还可以使重心稳定，应物灵活，是推手御敌和技击抗暴不败的基本保障。

三、洗髓真经活尾骶

"洗髓功"，历来为不传之秘，但在《易筋洗髓返还功》中，我将"洗髓"秘要毫无保留地呈现给大家，希望大家能从中受益。"洗髓"有两种方法：一种是"神意洗髓"，一种是"生理洗髓"。"神意洗髓"贯穿《易筋洗髓返还功》始终，从预备势到最后一式，式式都有"洗髓"之意，式式都有"洗髓"之效。特别是在第十式"洗髓涤腑除痼疾"中，以水意象，以淋浴喷洗的方式，对大脑、脏腑、骨骼、肌肤等进行"清洗"，这种意念想象，虽奇幻，但生动有趣，确有身心舒畅、涤除疾患的感觉，其意趣"超以象外，得其环中"。

"生理洗髓"是从人体生理学角度来讲的。大家都知道洗衣服通常用水，那么洗"脑髓"与"脊髓"用什么呢？用脑脊髓液。脑脊髓液是人体内一种重要体液，由侧脑室脉络丛细胞产生，围绕在大脑和脊髓周围的无色透明水样液体，对大脑和脊髓起到支持、保护和营养作用。成年人的脑脊髓液总量正常值为130~150毫升，每天产生的总量约为500毫升，每天可以更新3~4次。脑脊髓液与淋巴液和静脉血液合流后，流向心脏，参与并影响全身的体液循环。脑脊髓液上通大脑，下通尾骶，在大脑里面被硬脑膜包裹着，最上端呈圆形；在脊椎内被硬脊膜包裹着，一直延伸到尾骶处，呈长管状。硬脑膜和硬脊膜相继包裹着脑脊髓液，就像一个长长的"水气球"，其"扎口"附着在尾骶骨上。脑脊髓液循环的"泵"位于头部蝶枕骨结合部，当在头顶方向和尾骨方向之间上下运动时，蝶枕骨结合的这个"泵"就发挥作用。蝶枕骨结合的这个"泵"位于脑内，无法触摸，但我们可以通过脊椎骨和尾骶骨的多种运动方法间接刺激蝶枕骨结合部和收紧附着在尾骶骨上"水气球"的扎口，"水气球"的内压就会发生变化，膨胀传导到脑部，能够加速脑脊髓液的生产和循环，从而改善全身的体液循环，促进人体健康。这个支持和营养大脑、脊髓的脑脊髓液不断生产、循环、更新，不就是"洗髓"吗？这不禁令人恍然大悟，原来千古之迷的"洗髓"大法，就藏在人体自然生理功能中，就融合在传统的养生功法之中。从生理学上解码"洗髓"的奥秘，使现代人更易于理解和掌握，也使"洗髓"功法多了些科学气息，有了坚实的科学依据。

易筋洗髓返还功中有很多围绕脊椎的收尾、竖脊、断节、转腰、俯仰、全身抖擞等动作设计，其目的就在于刺激位于头部蝶枕骨结合部的脑脊髓液循环的"泵"和启动位于尾骶的"洗髓"开关，发挥"生理洗髓"的功能。易筋洗髓返还功通过"神意洗髓"和"生理洗髓"畅通五脏六腑、四肢百骸，防未病，治已病，充分凸显了大道至简的智慧和普度众生的情怀。

四、拳拳握固健身心

第四式"八方握固气力增"，是从八卦掌大家李子鸣先生秘授的《易筋经外经》中化裁创编而来，练法独特，功效显著。"握固"时，两大拇指内扣，指尖压住无名指的根部，其余四指回收屈握。大拇指属肺经藏魄，无名指根部是肝魂关窍所在，所以"握固"具有"拘魂门，制魄户"，安魂定神、固护精气、明目延年的功效。"握固"是以拳练心的有效方法，人体解剖学表明，正常人的心脏大小与自己"握固"的拳头大小差不多。"握固"时，拳头一紧一松，恰似心脏搏动时的状态。俗话说"十指连心"，"握固"时，拳头一紧一松，手臂肌肉一伸一缩，血管和筋脉一张一弛，配合呼吸，不仅能强烈刺激手三阴三阳之经络穴位，还可以增加人体的吸氧量，促进静脉回流量，加速血氧交换，有利于人的血管和心脏健康。

"握固"一般多采取一紧一松方法。即紧时要求全身上下包括意念、气血、筋骨、脏腑及周身皮毛，同时绷紧膨胀；松时要求全身上下同时放松，松到不着一点力，从而带动人体筋骨的伸缩展转，气血的周身鼓荡，达到内壮脏腑、外润肌肤的功效。

本书中的"握固"练法则与之不同，是把以下两种不同的"握固"练法有机融合。第一种练法：两拳做一松一紧握固运动时，要与全身七个念力点相合（两踝关节、两膝关节、两睾丸球、两肾球、两肩胛骨、两眼球、横隔膜），在每个念力点上先做"笑一笑，抖一抖，扎一针"的想象，然后再用力握固。照此法练习，能迅速激发经气，使周身抖动，产生不同程度的荡漾感、触电感，通经、提神、健身效果非常明显。第二种练法主要体现在第五式"撑肩长腰宁心血"功法中。要求两拳随着动作姿势的变化，连续不断地握固，不断地加力，一次紧过一次，不放松，沿肩井、颈部、两腋、后背、腰肾绕转，然后身体前后俯仰握固，并配以深长呼吸法和闭息法。这种与众不同的握固练法，具有祛病强身的功能。一方面，可绕转和抻拉两肩、肘、腕关节韧带，提高其柔韧性和力量，刺激这些部位的经络穴位，防治肩、肘、腕关节易发的各种疾患；另一方面，可促成侧支循环，预防脑梗、心梗等突发疾病。

五、水土合德先后天

易筋洗髓返还功第八式"遁土观水壮五行"，讲的就是水与土相结合的意念练法。"土遁"与"水遁"，属道家法术，古代传说中的五行遁法。而就中医藏义言，水土指的是人的肾与脾胃。"遁土观水壮五行"实质上是通过"遁土"与"观水"的象形取意，调动人的"神意气劲"，强壮人的肾功能和脾胃功能，再通过五行的生克制化，强壮人的五脏六腑。本式功法玄妙神通，奇思妙想，将先天之本与后天之本放在一起合练，水土合德，更显智慧。

水本为土克，何以言"合德"？吕祖在《医道还元》中说："盖土运化百物之精华，而生阴海之精，且生金以益水，故土虽克乎水，而实有壮乎水之奇功。"人脾胃之中土安和，则百脉流畅，肾水自然充沛。与自然界联系则水土合德亦非常重要，若土中无水，则为焦土，怎能长养万物，藏纳万物？若水中无土，则无法蓄藏，造成水土流失，植被难以生长，土地荒漠化，干旱、洪灾、极端天气，以及粮食危机等一系列问题就会接踵而至。

人体一小宇宙，宇宙一大人体，天人合一。水土合德，不仅有医学上养生健身的意义，还有现代环保和社会学的意义。清代名医郑寿全在《医理传真》中说："水土合德，世界大成矣。"此言不虚。

六、潜水戏鱼童趣妙

易筋洗髓返还功第九式"潜水戏鱼生童趣"有"潜水"与"戏鱼"的动作和场景。这里的"水"与"鱼"两个意象符号，在功法中暗指和映射的是阴阳、水火，"鱼"指的是阴中阳、水中火，即"命门之火"。

论"鱼"，人体中带"鱼"字的穴位有两个，一个手太阴肺经上的荥穴"鱼际穴"，五行属火；另一个是任脉上的"气鱼穴"（"中极穴"的别名）。"鱼际"穴名解："鱼，水中之物也，阴中之阳也。际，际会、会聚也。""气鱼"穴名解："气，气态物也。鱼，阴中之阳也。气鱼名意指一穴的水湿之气亦有一定的温热之性。""鱼际""气鱼"之"鱼"皆言阴中阳、水中火，与"命门之火"（水中火）的意涵高度契合。

"命门之火"又称"真火""先天火"，是人体生命活动力的本元，它温煦和推动着脏腑的生理活动，与人体的生长、发育、衰老密切相关。在正常情况下，"命门之火"应该是藏而不露、动而不散、潜而不越。鱼在水中也是藏而不露、潜而不越。一个"潜"字、一个"鱼"字，从"潜水戏鱼生童趣"的名相中，就已透着"命门之火"的本质，透出本式具有活泼气机、自在性情、壮命门火、固本培元、益寿延年的功效。

鱼，在中国传统文化中是生命符号、精神载体、自由象征。《庄子》曰："北冥有鱼，其名为鲲。鲲之大，不知其几千里也。"又曰："子非鱼，安知鱼之乐？"鱼，非鱼也，鱼是我们自己，是自我意象外化、精神外化的结果。鱼在水中游弋，多么无拘无束、悠然自得。让我们在"潜水戏鱼"中，忘记自我、忘记名利，让心灵邀游在逍遥的境界，唤回远去的童心、童趣、童真。这既是现代人强身健体的良方，也是摆脱现实羁绊、步入精神高地的妙法。

七、笑如春归百花开

笑如春风，笑如花开。人的一生，应笑相伴终身，笑是我们人生路上最芬芳美丽的花朵。"笑一笑，十年少"。"笑"是易筋洗髓返还功中的一个眼目，有"返还"之意，是给现代人开出的一剂"心药"。

将"笑"运用到养生功法中，是智慧创造。易筋洗髓返还功中有三处运用了"笑"的创意。第一处是预备势"天人合一入佳境"中，调理净化身心《七句歌诀》的第二句"三融四坠，断镶润笑"。要求"三融四坠"后，从颈椎7节、胸椎12节、腰椎5节，到骶椎、髋关节、膝关节、踝关节等一一断开，然后在每个断开的骨节间都镶上一只明净灵活的眼睛，再在每只眼睛里点上一滴无色透明的润滑液，眨巴眨巴眼睛后，每只眼睛都轻松地舒张开，露出微笑。第二处是第四式"八方握固气力增"中，有56处默想关节或脏腑笑起来。第三处是第九式"潜水戏鱼生童趣"中有"想象自己是从水中长出的一支芙蓉花，眉开眼笑"。

中医认为笑为心声，笑舒心气、疏肝气、宣肺气、通肠气，益寿延年。现代医学研究表明，开心地笑一笑，人体内会发生一系列神奇的变化。大笑一次可以明显降低人体中的皮质醇、肾上腺素和多巴胺三种压力激素水平；微笑可以刺激人体分泌多巴胺，提升愉悦感；笑能增强机体免疫系统功能，提高K淋巴细胞活性，有效降低人体炎症水平，保护身体免受疾病侵害；笑能够促进人体内天然镇痛剂"内啡肽"的生成，增强人体抵抗疼痛的能力；人在笑时，体内器官的血流量增加，血液循环加速，大笑还能起到扩张血管、提高脑供血、降低血压的作用，堪称"天然降压药"。正如《十笑歌》所言："一笑烦恼跑，二笑怒气消，三笑万事了，四笑病魔逃，五笑永不老，六笑乐逍遥，七笑人缘好，八笑健康到，九笑无价宝，十笑寿命高，天天开口笑，胜服长生药。"

"笑"也是技击心法，临敌时，表情平静，视敌如草芥；近身击打时，二目一张，灵动一笑，劲力瞬间爆发，击敌如玩物。

《易筋洗髓返还功》不仅是一套非常优秀的养生健身功法，更是济世良方、时代心药，处处充满着养生健身智慧。有志者理应认真学习体悟，并大力推广传播，造福众生。因《易筋洗髓返还功》内涵博大精深，所论只涉及一二，不当之处，敬请方家指正。

第二节　功法应用

　　《易筋经》和《洗髓经》是高深的道家练功秘籍。魏晋时期的小说《汉武帝内传》记载，道家练气长生之道已有"一年易气，二年易血，三年易精，四年易脉，五年易髓，六年易骨，七年易筋，八年易发，九年易形"的说法；北宋道藏目录学家张君房所编撰的《云笈七签·延陵君修真大略》也有"易髓""易筋"的记载。但由于释家、道家对外秘而不传，坊间流传版本稀少且真伪并存，久而久之便蒙上了"绝学"的神秘面纱。目前，一般认为扬州武师金家洲家传的、经岳飞审阅刻板刊印的衙藏版古《易筋经》是坊间流传的最早版本。清代先后有目前认为功法最全的来章氏辑本《易筋经》、潘蔚著《易筋经图说》和周述官编撰《增演易筋洗髓内功图说》等文献问世。易筋洗髓功法逐渐为世人所广泛练习。

　　"易筋"与"洗髓"是《易筋经》修炼进阶相得益彰的两个层面，通常称"内经"和"外经"。传统的练功方法是先练"易筋"，后练"洗髓"。"易筋"坚其外而壮体，"洗髓"清其内而强心，外壮神力、内壮神勇，从而达到体征丹道、益寿延年的神奇功用。然而，传统《易筋经》文献旁搜博引，内容浩繁，"图说"文字也多动作姿态的简要说明，对于"易筋洗髓"灵魂的内丹心法秘诀却似乎秘而不宣，修炼者往往不得要领。我在近70年的内功修炼中，深得八卦掌名家李子鸣先生传授的《易筋经外经》功法和太极拳名家王培生先生传授的以心行意、按窍运身、身外六球的心法秘诀，以及道家龙门派武医奇人悟真子沈岳武道长传授的《返还功》和呼吸大法真谛，提炼形成了"以神领形的运动特点，似水而动的运动规律，效法自然的运动趣味，旋转空无的运动态势"为神意境界的总纲和功法灵魂，将"易筋洗髓"内功心法和人体文化熔为一炉，融会贯通，淬炼英华，诠释妙谛，编著《易筋洗髓返还功》以飨读者，既继承了流传千古的《易筋经》《洗髓经》的绝学内核，又揭示了寻经走穴、吐纳导引的意念、意象、意趣的奥秘。

　　易筋洗髓返还功共十四式，第一、二式为心安神静、聚气调息的意念导引法；第三至第五式是畅筋宁血、壮阳增力的握固法；第六至第十二式是按揉摩运、涤腑清内的洗髓法；第十三、十四式为搓揉按摩、纳气归经的收功法。每式包含手法、意念法、按窍法、穴位说明、功能效果和示意图。文字精要，简洁明了，示图清晰，图文并茂，易学易练，应用价值较高。

从整体上说，易筋洗髓返还功十四式是一套完整的易筋、洗髓返还养生功法。易筋经总论说："功有渐次，法有内外，气有运用，行有起止"。易筋洗髓返还功的修炼先练"握固易筋功"，后练"清内洗髓功"。易筋功，是武术健身的筑基功夫。筋脉联络周身，通行气血。"筋壮则强，筋舒则长，筋劲则刚，筋和者康"，所谓"易筋"，就是通过修炼易筋功法，使筋膜"变弱为强，变挛为长，变柔为刚，变衰为康"（《易筋经总论》）。但同时易筋洗髓返还功十四式又都具有独立功法和功能，所以，可以根据需要和兴趣，单独修炼其中的某一功法，比如第四式"八方握固气力增"、第六式"扣齿揉邪击膻中"、第七式"吞津念诀安脏腑"等，其功法既独立又完整，单独修炼也会对身体某些方面产生奇特功效。

易筋洗髓返还功是以按窍运身的心法秘诀和鼓动气血的呼吸大法为操作法门，并由此升华为以神领形、似水而动、效法自然、旋转空无、有规有矩、有趣有味、如诗如画、情景交融的神意超然境界。如第三至第五式的握固法，在依次用意念按窍针灸解溪穴、委中穴、会阴穴、命门穴、脑户穴、百会穴后握固，"随即把上述所有意念全部忘掉，静一静，使自己的身心完全从'常有欲，以观其徼'进入'常无欲，以观其妙'的先天自然状态"。"常有欲，以观其徼；常无欲，以观其妙"出自《道德经》，原文是"无名天地之始。有名万物之母。故常无欲，以观其妙。常有欲，以观其徼。此两者同出而异名，玄之又玄，众妙之门。"意思是宇宙万物最初没有名字，物无分别；有了名字，才分出万物。因此，要常从"有"中去观察体会"道"的端倪，透彻领悟其无边无际的境界；要常从"无"中去观察领悟"道"的本源，深入理解其万物化生的奥妙。宇宙自然，其大无边，其小无内。当我们思致意念及于宇宙之外，则超然无我而进入先天自然状态，达到恬淡宁静的最佳练功状态。易筋洗髓返还功要求完成每一动之后都要忘掉意念，重新进入忘我的先天自然状态以便启动下一动的意念。这不仅是前后动作转换的需要，更重要的是使修炼者的思致情怀由意念、意象构建的意境，提升到与宇宙自然融为一体的"天人合一"的最高境界。

由意念、意象构建特定的意境，是中国古老哲学意象性思维特征。易筋洗髓返还功的意念操作需要用意象创造别致的情境。比如第八式"遁土观水壮五行"功法，"想象自己的两手臂变成两个巨大的机械臂，一直插到十层深处，然后用力向前、向身体两侧、向身后挺身分拨；边分拨边起身，待两腿立直时，两手背恰好移至腰背，挺身观望，一个巨大的湖泊雏形展现在眼前。"这里的"巨大的机械臂"和"巨大的湖泊"是通过联想、想象在大脑里形成的意思图像。又如第七式"吞津念诀安脏腑"功法，"随即用意念想象往口中放入一粒乌梅，用唾液将其鼓漱融化后，将乌梅液（唾液）用意念控制分为三口下咽。"这里的"乌梅"也是通过联想和想象，把客观物象"乌梅"，经过意念创造在主观意识中所形成的形象。意象创造源于伏羲仰观天象，俯察地理，近取诸身，远取诸物，制作八卦以类万物之情的中华文明创造之始。汉字的造字方法象形、指事、会意；诗歌创作的比兴手法；写意画的意境创造；传统武术的仿生形意拳法等，无不是《易经》意象思维的文脉和智慧结晶。《易筋洗髓返还功》亦是如此。

通过联想和想象创造意象丰富、情景交融的意念情境。这种意念活动贯穿易筋洗髓返还功修炼的全过程，而要用好意念必须运用好古传秘功内视法。内视，即摒除杂念，定心安神，闭目存想，返观内照躯体的某一个部位，如唐孙思邈《千金要方》卷八十一引《黄帝内视法》所说的"存想思念，令见五脏如悬磬，五色了了分明"。比如易筋洗髓返还功第一式"断镶润笑：随即将神意内收，用神内视，用意想象周身所有关节从颈椎7节、胸椎12节、腰椎5节到骶椎、髋关节、膝关节、踝关节等都一一断开，只靠筋肉连接着，好像是解剖室内悬挂着的骨架，断开的每个关节间都镶着一只明净灵活的眼睛；每只眼睛里都点进了润滑剂，每只眼睛都在微笑，整个脊椎骨即像是一条刚刚保养后的自行车链条，又像是能应万向的陀螺"。内视周身关节，节节骨断筋连，像珠串，似车链，如陀螺，松而不散、了然明净、圆活灵便，达到周身最佳的松活轻灵状态。又比如第十式"洗髓涤腑除痼疾"，想象用喷水清洗内脏，从头到脚、由上至下，颅腔、胸腔、腹腔，洗哪里就想哪里，神意内守，返观内照。易筋洗髓返还功的握固易筋，清内洗髓，吞吐呼吸均在凝神安息，目不外视，内观筋脉脏腑前提下营造意象丰富的意念情境来完成的。

内视法是流传久远的丹道内功，即所谓"内观之道"；在佛家称为"内观禅修"；也是历代名医养生说多有记载的中医传统养生功，今谓之"内观疗法"。内观之道，重在凝神入内，目注脏腑，聚气于穴，虚极静笃，思寻体悟，物我两忘，从而由表及里、由里而外、由浅入深，易筋洗髓，内外兼修。我在长期的修炼中深得易筋洗髓功秘诀心法之精髓，将毕生经验归纳为"以神领形的运动特点，似水而动的运动规律，效法自然的运动趣味，旋转空无的运动态势"。这是易筋洗髓返还功的功法灵魂和修炼原则与指南。

　　本人修炼吴式太极拳和梁式八卦掌多年。在教学过程中一直贯穿这一指导原则和理念，引导习练者营造意象丰富、情景交融的意境，进入以心领意、以意导气、以气运身、神意高远的心法境界。易筋洗髓返还功更是毫不保留地把李子鸣、王培生两位宗师和沈岳武道长的真传，以及他平生探索积累的熔儒、释、道、武、医为一炉的内功心法和盘托出。传统《易筋经》和《洗髓经》原本就是禅、道、医、武博通的大家所集撰而成的修炼秘籍，并不是现代意义上单纯的健身气功。它的功法与内家拳法相通，或者说它的内功修炼方法完全为内家拳，尤其是太极拳所吸收。易筋洗髓返还功心法正是在梁式八卦掌和吴式太极拳的长期修炼中，集众技于一身的成果结晶。"以神领形"是易筋洗髓返还功内功心法的基本特征，也是太极拳修炼的显著标志。关于"神"与"形"的关系，道光年间来章氏版本《易筋经》记载："且夫精气神无形之物也，筋骨肉乃有形之身也。无形者有形之本，此法必先练无形者为有形之培，有形者为无形之辅，有形者为无形之佐，是一而二，二而一者也。若专培无形而弃有形则不可，专练有形而弃无形则更不可。所以有形之身必得无形之气，相倚而不相违，乃成不坏之体。设相违而不相倚，则有形者亦化而无形矣。"以神为本，以形为辅，神形相倚。所以，聚气凝神，以神领形，乃为易筋洗髓返还功修炼的关键。似水而动，顺势而为，这是我屡屡告诫弟子行拳练功的规律。水有固态、液态和气态三种形态，而液态为常态，其特性是滋润下行，至柔而又至坚。易筋洗髓返还功无论按窍运身、握固易筋，还是呼吸吞吐、揉摩洗髓，都应遵循这一规律。上善若水任方圆，动则柔若流水，如气蒸腾；静则安然祥和，清澈明净。本功法修炼过程中既有大海、湖泊的静态意象，也有戏鱼、喷水的动态意象，既彰显以水为象顺势而动的功法，也显现效法自然生态的趣味。无论是易筋洗髓功还是太极拳修炼，效法自然是其基本原理。《孟子·尽心上》说："万物皆备于我矣。反身而诚，乐莫大焉。"天地万物的禀赋，反身而诚的效仿，无疑会赋予武术修炼无穷的乐趣，也会因此而使身体更为柔韧，达到周身轻灵，旋转空无的境界。

　　易筋洗髓返还功继承千古秘功心法，荟萃梁式八卦掌名家李子鸣、吴式太极拳名家王培生、龙门派道长沈岳武的心血凝成的秘法。长期锻炼此功法，可以获得奇功良效，用《易筋经》紫凝道人的跋语："病者得之而安，怯者得之而强，外侮闻之而慑，乏嗣得之而延；老者得之康健而寿，少者得之纯粹以精，女红得之勤而不怠"，"引而申之，大则可以立功业，小则可以保身家，不论士农工商，若有此基，致堪任重致远以成其业。"作为秘功，原本师传身受而不轻易示于门外，望本书的出版益于大众。

附录

附录一 《易筋经外经图说》
（李子鸣老师传）影印

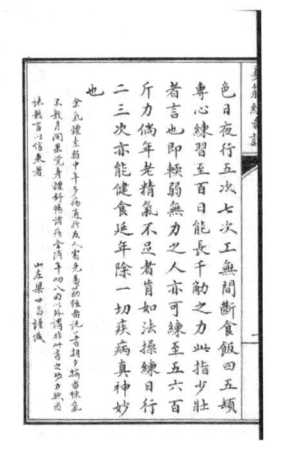

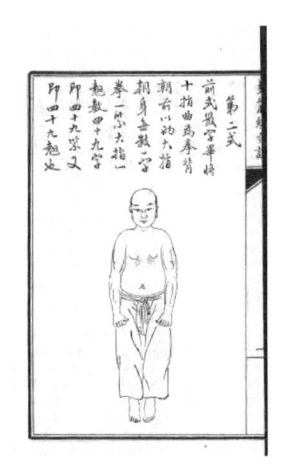

易筋洗髓返还功

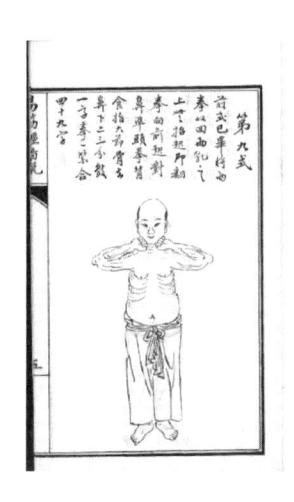

第三式 前式数字毕将大指叠在掌心握紧为拳趁势往下伸向后背以虎口向前与臀相齐紧一紧数一字数四十九字四十九紧记之

第四式 前式数字毕即接此式将臂平抬拳起虎口向上伸向前与肩齐平两肘拗曲口勿开肘尖许下宽口向掌相贴靠紧一紧数一字数四十九字

第五式 前式数字毕即接此式持拳上举虎口向后不可贴头曲转对耳拳紧如前四十九字

第六式 前式已毕即接此式拳下对耳一寸远以虎口向内为度对耳一寸一紧一字数四十九字肘尖往前用力四十九字

第七式 前式已毕将身坐地仰以脚不着地两手直伸与肩平肘不敢屈一字一紧胁微同斜拄二成胁微同字合数四十九

第八式 前式既毕将两手向内合对胸平伸两手指尖相同不碍坐对前如前曲肘对肘远戴不可贴身一字一紧合四十九字

第九式 前式已毕将两拳曲四向口乙上平指起肘翻鼻向覆对鼻前数一字一紧合数四十九字

第十式 前式已毕将拳四向开兑上下指起翻上对四平如山字前平载一字一紧拳对胁上半寸半数四十九字

第十一式 前式将拳翻转向前两肘贴胁下仰开口咽口指大亲额低二分鼻顶前念二分前翻顾一字一紧即可在三口随体送至丹田四十九字

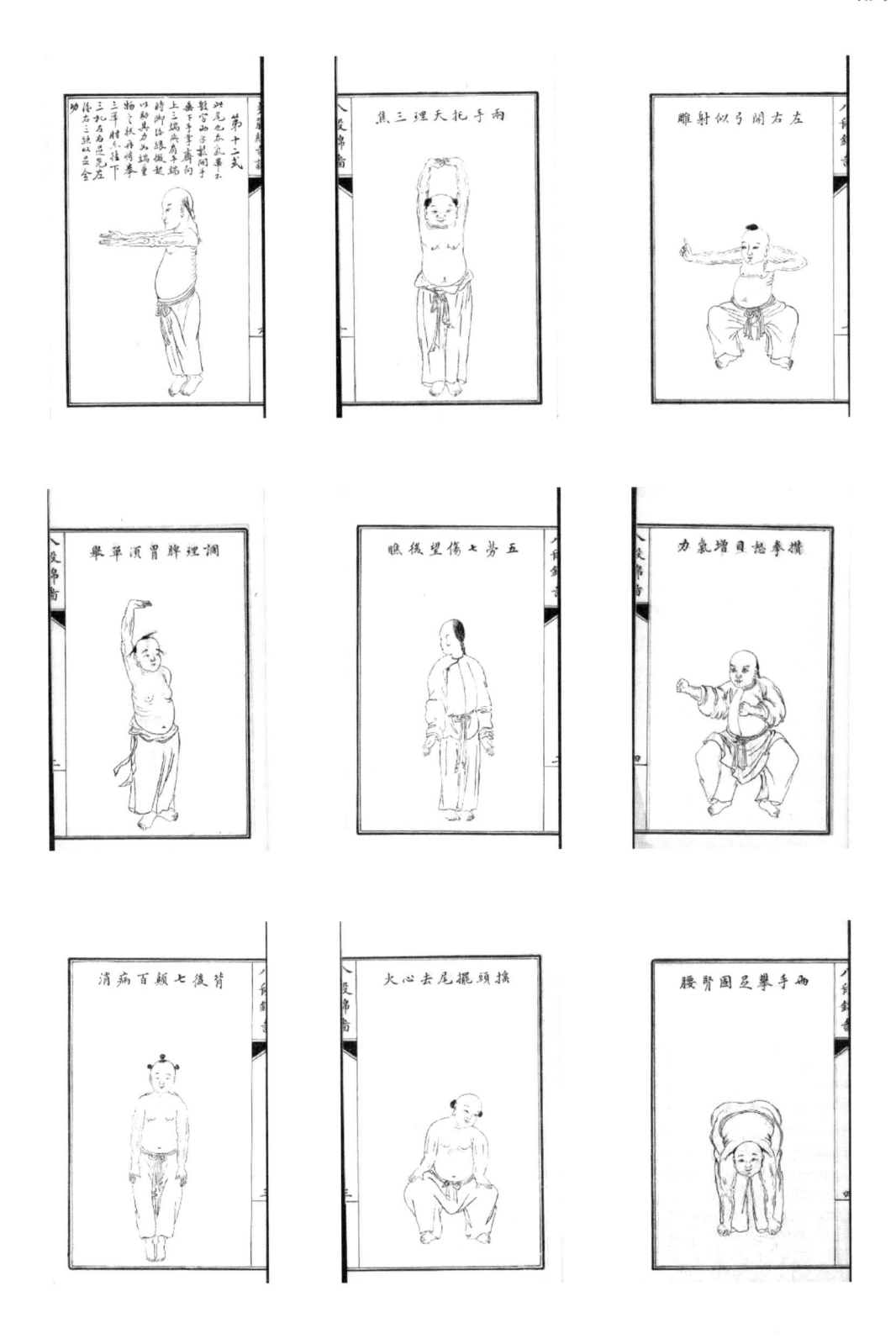

第十二式 此式也左式章不戴官兩手緊握向上上端與肩齊闔時腳跟隨起動具臂力向兩端二手持下功行三次皈从至全	兩手托天理三焦	左右開弓似射鵰
調理脾胃須單舉	五勞七傷望後瞧	攢拳怒目增氣力
背後七顛百病消	搖頭擺尾去心火	兩手攀足固臂腰

附录二 《八段锦导引法》
（王培生老师书写）影印

八段錦導引法閉目
冥心坐握固靜思神
叩齒三十六兩手抱
崑崙左右鳴天鼓二十
四聞聲勿令耳
食指壓中指擊腦後

微擺撼天柱搖頭顧
肩膊轉隨動二十四先
須握固赤龍攪水津
漱津三十六神水滿口
勻一口分三嚥龍行氣
自奔熱以鼻引清氣
搓手熱以頭搓手急
閉之少頃

背後摩精門盡此一
口氣想火燒臍輪閉
燒丹田覺熱極左右
轆轤轉想俯首擺撼兩
肩三十六想火自丹田
透過關入腦戶鼻引
精氣閉少頃間陳漢

兩腳放舒伸叉手雙虛
托三或九次逆水上再
以候逆水低頭攀腳頻
津如吞嚥三度畢神
九次自調勻河車搬運
百脉發火遍燒身運
訖

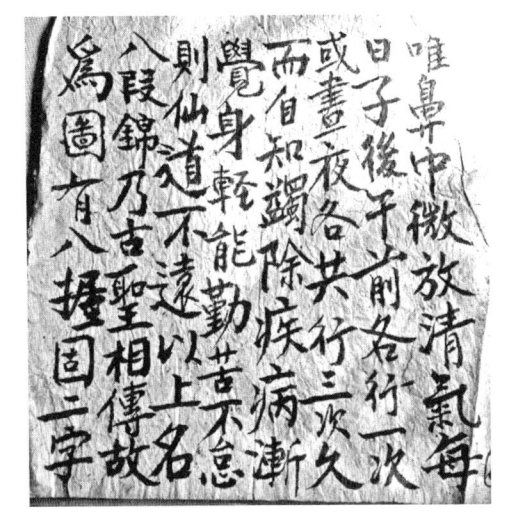

唯鼻中微微放清氣每日子後午前各行一次或晝夜各共行三次久而自知蠲除疾病漸漸覺身輕能勤苦不怠則仙道不遠以上名八段錦乃古聖相傳故為圖有八攢圖二字

邪魔不敢近夢寐不能昏寒暑不能入災病不能迷子後午前作造化合乾坤循環次第轉八卦是良因其法於甲子日夜半子時起行時口中不得出氣

得有身閒心靜處便是下手所在多寡隨行若認定二時忙迫當如之何八道者不可不知叩齒集神搖天柱舌攪漱咽摩腎單關左右轆轤按頂鉤攀

人多不考豈特閉目見自己之目冥心見自己之心跌坐時當以左腳後跟曲頂腎莖根動處不令精竅漏泄云耳行功何必拘以子午但一日之中

附录三 《养五脏坐功法》
（王培生老师书写）影印

养心坐功法

养肝坐功法

养脾坐功法

养肺坐功法

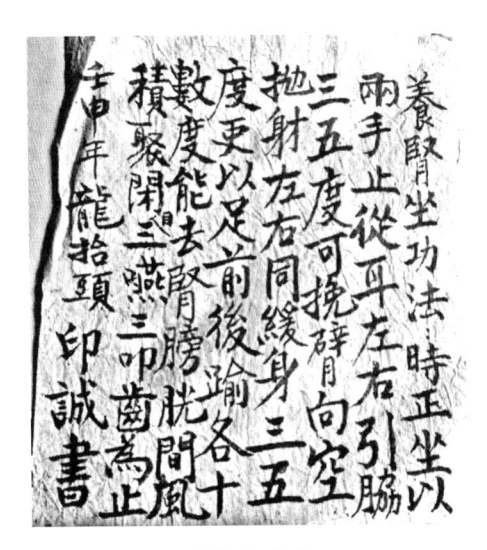

养肾坐功法

注：附录二和附录三中的13幅内功书法，是王培生老师1992年春节期间在弟子张永忠家中聊天时，一时兴起，拿起毛笔在包水果的废纸上默写的，非常珍贵。

附录四 《道教返还功讲义》摘要
（沈岳武道长）

"返还功"又分为动功与静功，动静功法均以意守和调吸为主。

调息就是调整呼吸，一呼一吸为一息。调息是返还功的基本功，丹经曰："任督原是通真路，丹经设作许多言，予今指出玄机路，但愿人人寿万年。"又曰："精养灵根气养神，元阳不走得其真，丹田养就千金宝，万两黄金不与人，金银岂得生与死，逸者先亡勤者存。"

"返还功"调息，共有二十一种呼吸法，粗呼粗吸、细呼细吸、长呼长吸、短呼短吸、长呼短吸、短呼长吸、粗呼细吸、鼻呼鼻吸、口呼口吸、动呼动吸、静呼静吸、伸呼伸吸、屈呼屈吸、仰呼仰吸、俯呼俯吸、内呼内吸、外呼外吸、行呼行吸、卧呼卧吸、坐呼坐吸、忘呼忘吸。

为了便于记忆，把二十一种呼吸法概括如下：

"返还功"练习，呼吸第一义，法诀各不同，长短与粗细，先天后天分，内外伸屈异，仰俯行坐卧，动静与口鼻，练到忘息时，返本成胎息，还原精化气，始悟本功奇。

通过呼吸，培育元气，沟通任督，以通大小周天，使练功者掌握练功的方法和要领，得到一个正果。

上面提到的这些呼吸，都是在整个"返还功"中不可缺少的，在练功中出现的各种问题，也都是通过六字呼吸法来解决的。六字即：嘘、呵、呬、吹、嘻、呼。（六字法须得口授）

"返还功"的各种呼吸都是固精壮肾的。因为精是构成人体的基本物质，也是人体各种机能活动的基础。《金匮真言论》云："夫精者，身之本也，故藏于精者，春不病温。"

呼吸除上面所谈到的以外，随着练息的进展，还需要由后天的"顺呼吸法"转换成先天的"逆呼吸法"。经云："若问筑基下手，须明橐龠玄关。"筑基、炼己和通大小周天都要练呼吸，练动功，迈入静功，一定要通过各种呼吸调整机体的偏盛偏衰，去充实身之三大元素，使之返本还原。

动功分为八个动作（八个动作可重复做4~8次）

①练功前的准备活动。"下喉三寸皆污物"。不管早上还是晚上或其他时间，在练功前，都必须将肺部积存下来的污浊之气排除干净。方法是边走边进行呼吸，"行呼行吸"即以"鼻吸口呼"的方式，应"长呼长吸"，而且是要先呼后吸，呼时要尽量呼净，然后再吸，呼吸之间不要停顿，更不要憋气，这样呼吸五至六口气，尽量把浊气全部呼出去。

②练功地点的选择。练功只需一席平坦的场地，以无污臭、清洁之处为宜，靠近山水花木处为优。如早晨练功时早一点为好，要"晓踏清风露对月"。眼睛望着很远很远的太阳升起的地方采紫气，因为"紫气东来"。

③立正站好，两目平视，然后再以目内视，以意回光返照，意守"祖窍"。独自练功，须"无为"中求"有为"。

第一个动作为一气三清。诗曰：一气三清透顶门，任其百脉自调匀。周身辗转舒经络，气在先天法自通。（练法略）

第二个动作为横担日月。诗曰：横担日月向前推，吐纳绵绵着意催。齿落发斑空叹息，长生妙法要穷追。（练法略）

第三个动作为霸王举鼎。诗曰：霸王举鼎练缠劲，内转功夫无止境。柔中刚化引虚门，彼己之中动中静。（练法略）

第四个动作为法轮常转。诗曰：法轮常转似圆周，守法殷勤靠自修。洗髓九年除色相，左右盘旋万事休。（练法略）

第五个动作为彭祖抹须。诗曰：彭祖抹须走内旋，借撩须式易坤乾。支撑弓步随身换，变化全凭意在粘。（练法略）

第六个动作为金刚伏虎。诗曰：金刚伏虎走腿功，挑缠勾跨侧腰伸。频频稳扎金鸡立，伏虎阴阳刹那中。（练法略）

第七个动作为银河入海。诗曰：银河入海练大元，送宝归还母腹边。炉中火暖填离坎，全功就在蒂中玄。（练法略）

第八个动作为卧学希夷。诗曰：卧学希夷很自然，壶中日月洞中天。河车运上昆仑顶，谁识其中颠倒颠。（练法略）

④收功方式。练功时，两手握拳搓掌，然后将两手放在两鬓角"太阳穴"，用两大拇指在"风池""风府"两穴位横擦数次，再将口中津液缓缓咽下，以意送入"丹田"。

在全部八个动作练完后，尚有四个辅助动作。

动作是"返还功"动功炼息法中的首要部分。在做动作时，逐步训练自己排除杂念。以"回光返照"，为练习静功打下良好基础。动功主要是将动作与呼吸配合好，动作服从呼吸。所以初学者必须在每次练功前，先单独练习呼吸若干次，如三十六次、四十八次等。

附录五　王培生老师
内功心法论述文选（两篇）

"六球""一柱"神连

奥妙无穷鸣生拳，拧旋走转天地间。
三年十载纯功到，奥妙还需再精研。
奥妙不是常奥妙，不点不说亦枉然。
六球一柱一二三，奥妙之间如神连。
内家奥妙乾坤定，三丰功法一线穿。
八卦太极是一家，奥妙全在奥妙间。

注：梁式八卦掌和吴式太极拳综合称之为鸣生拳法。"鸣"字代表恩师八卦掌名家李子鸣先生，"生"字代表恩师吴式太极拳名家王培生先生。

此歌诀，因为每一句中均有"奥妙"二字，故笔者称之为"奥妙歌"。

此歌诀的含意是说，八卦掌、太极拳的奥妙是无穷无尽的。它的奥妙，全产生于在天地间不停地拧旋走转这一形式。八卦掌虽有"十载纯功研究到，单人凭艺邀五洲"之说，但对于其中的奥妙，人们是很难研究透的。就本人而言，感到越练、越研究、越觉得它奥妙无穷。这里所说的奥妙，不是那种有感无实的奥妙，也不是一般意义上的奥妙，而是有特定的具体内容的奥妙。这个奥妙如不具体地点破说透，一般是不容易悟到的。那么这个奥妙是什么呢？说破了就是太极拳大家王培生先生所秘传的重要心法之一，即人身体身外之"六球"和笔者在王培生老师的启发下所深深体悟到"一柱"。

"六球"即人的两个眼球，两个肾球，两个睾丸球（妇女为两乳）。"一柱"即人的脊椎。这"六球""一柱"的理论和实践，都是与道家、儒家、佛家的修身大道相联系的；"一、二、三"即是道家的一生二、二生三、三生万物的认识论；同时和练功、技击、健身、修身等诸多方面的理论、规范、效果极为契合，神奇地联系在一起；内家拳的奥妙全是由乾坤，即阴阳变化来决定的。《周易参同契》曰："乾坤者易之门户，众卦之父母"。乾，阳也。阳气无形，画以象之。坤，阴也。阴气有形，画以象之。积三画而成乾（☰）。乾为天。积六画而成坤（☷）。坤为地。三生万物，三字又有中终之意，成始成终，顾积三画以为卦……人之六球恰好两两相对，意想其连在一起，即象乾（☰），为天、为阳。意想其断开即象坤（☷），为地、为阴。如果再把人之脊椎比作一竖，正好贯穿"六球"恰似张三丰的"丰"字，相传张三丰为内家拳的创始人——也有考证无此人，即使无此人，创张三丰之说者，也是深悟阴阳之道，认为有大力宣扬之必要者（"张"有张扬之意），所以"六球""一柱"作为功法，可以叫做"三丰功法"或"六球一柱功法"。此功法中贯穿着阴阳大道，显示着八卦的卦象。"六球""一柱"如同一棵藤上结的六个瓜，两瓜一蒂，在前为"田"，在后为"关"。两眼球向内环抱，两眉间为玄关穴，恰是身之上丹田，与之前后对称的是玉枕关；两肾球向前环抱，在前为神阙穴，恰是身之中丹田，与中丹田对称的是命门，恰好为夹脊关；两睾丸向后回抱，靠近处是会阴穴，恰为身之下丹田，下丹田后面，恰是尾闾关；每两球之环抱都形成一个圆，前田后关之两点像是太极图中阴阳鱼的黑白眼，正好形成一个太极图。加上"六球"所形成的卦象，正好形成三个重叠的太极八卦图。上可为天之八卦，下可为地之八卦，中可为人之八卦，三才合一，天人一体，包含了内家拳、内家功、道、儒、释修身之道的全部奥妙，所以说八卦和太极都是一家之拳，都是内家拳，它们的道理是一致的。它们的精微奥妙，都可以在"六球一柱"中寻找，都可以在"六球一柱"中体现出来。凡练功数年而不能运化者，都可在"六球一柱"中求之。

以上是对"奥妙歌"的注释。著名武术家王培生老师在他的《三才门乾坤戊己功》一书中。简单介绍了"六球"在太极推手中的作用。歌曰："坤属老阴体内长（也可全面地说乾坤阴阳体内藏——笔者注），六球体中动无常。扭转乾坤四球掌，上有两球佐朝纲。"这实际上已经道破了内家拳的不传之秘。

那么"六球""一柱"到底与练拳、技击、健身、修身有什么具体联系和实际作用呢？

第一，"六球""一柱"是身法之"司管"。

太极拳对其身法的总要求是"中正安舒"，八卦掌亦然，只是练法不同。太极拳是从"往复折叠"中求"中正安舒"；而八卦掌是从"拧旋走转"中求"中正安舒"——环绕此中心各自派生出很多异曲同工的规范和要求。

不偏不倚谓之中，不歪不斜谓之正，不浮不燥谓之舒。中正是为了求沉稳安舒，人体中正气血流畅，脏腑得位，水上火下，无不稳不顺之处，才会有安舒感。

如何才能保证人体在动、静多变的拳式中，保持"中正安舒"之境界？太极、八卦都有一系列的规范要求。比如，太极拳的"虚领顶劲"，八卦掌的"头顶项竖"；太极拳的"溜臀提肛"，八卦掌的"缩谷道"，以及太极拳和八卦掌一致强调的"气沉丹田"等都是保证身体"中正安舒"的好办法。但这多是从外部形态上讲的，也是初级阶段的基本要求。到了高级阶段，要求做到"无形无象"，八门（"头、肩、肘、手、臀、胯、膝、足"，以下同）运动乃有形有象。"六球一柱"乃内有形外无象，以神意指挥"六球""一柱"，掌管八门变化，则可以做到"无形无象"。

如何从"无形无象"中去寻求"中正安舒"？那就要从体内去找它的"司管"。"总管"是"心意"，"司管"就是"六球"和"一柱"。"三教圣人皆以'中'字代表太极，而形容此虚空之体。太极之体为'〇'，加以理气之'丨'，则为'中'。中者虚也，道也。合二中字成一'贯'字。古贯其形'⅛'，修道者身内一'中'，身外一'中'，合二中而成'贯'。所谓悟道一以贯之，而中庸之道得矣。又'中'者正也。不偏谓之'中'。凡有形之物，无有不偏而能正者，惟虚空则大中至正而不偏。其大无外，其小无内，于此可以见太极之真体矣。"（《一贯天机直讲》）

"六球""一柱"恰为"三丰"之法，又为"一贯"之理。六球相连以脊贯穿为"丰"，乃现阴阳合一之法。"六球"两两相抱，收田（前三田）展关（后三关）而成圆，以脊贯穿，恰好形成三个"中"字。乃中庸之道，此乃太极八卦之法。腰肾之一中，代表身内之"中"，"两眼球"和"两睾丸球"，因置于脊上脊下，只能以脊之虚相贯穿，所以代表身外之"中"，即阴阳之中，天地虚空之中。演拳变式"进、退、顾、盼、定"，有不得机不得势之时，必是身内之中不中，可用身外之中调整，从身外之中求中。以中而言，练功家要明三"中"，即我"中"、他"中"、虚空"中"。行拳则守我之"中"，身法也。比手则破他人之中，用法也。修身处事，寻虚空之中，道法也。所以太极八卦等内家拳练到一定境界时，都会自觉或不自觉地寻归一体——"六球""一柱"。即在练拳时，只要用意念想象，脊柱直竖，各骨节之间虚虚对正，六球匀布两侧，环抱如圆，三"中"兼备，中"中"为主，下"中"作保，上"中"相佐，三"中"相照，互相配合，相机决策，则中正大业可成，安舒体用无虞。我国词语中形容人的面容姿态有："丰姿""丰采"二词，"一柱"直竖，"六球"匀布，"中正安舒"，精气神足，才能有"丰姿""丰采"之说。

"中正"之法乃效虚空中正之理。但有形之象，不可能常效"中正"之法。行拳比手，动静虚实变化万端，只能是相对"中正"，不可能有绝对"中正"。要能善于在运动中求"中正"，于不平衡中求"中正"，此乃太极拳内外三合之法。

内家拳有"一六合，神贯通"之说。此说实际包含着内家拳的三步功夫，即初级求"外三合"，即手与足合，肘与膝合，肩与胯合；中级功夫为"内三合"，即心与意合，意与气合，气与力合；高级功夫乃"不求形骸似，但求神意真，守住丹田气，内外一团神"。但如以"六球一柱"之功法求之，则人身内外三合，就会简单、易行、易效，无形无象了，也就可以做到"人不知我，我能知人"了。两眼球管两手两足，两肾球管两肘两膝，两睾丸球管两肩两胯。读者可以验正，当两眼球向中间（上丹田）靠拢，即着意两大眼角而成阴卦之象时，两手两足也会随之松软无力；当两眼球外视，着意于两小眼角时，两眼球似拉成一条直线而成阳卦之象，两手两足随之会觉得膨胀有力；当我们想象两个肾球向前、中间（中丹田）靠拢时，着意神阙穴，即成阴卦之象，则两肘两膝自然松软无力；当我们想象两个肾球分开向两侧牵拉时，两肘、两膝也自然会膨胀有力；当我们想象两个睾丸球相合向会阴穴（下丹田）回收时，两肩两胯自然会收缩；当想象其分开时，两肩两胯自然会膨胀有力。

上述奥妙了解之后，我们在行拳时，凡欲动两手两足，必须注意先要以眼神领之；凡欲动两肘两膝时，必须注意先要以腰带之；凡欲动两肩两胯时，必须注意先要以两睾丸助之。周身之动都必须以脊柱主之。

行拳走转有三盘，膝微屈为上盘，平膝胯为下盘，上下盘之间为中盘，八卦掌称之为"下腿腰"。但八卦掌以走转为主要形式，走起来要如鹰之盘旋，龙之绕柱。所以三盘之说还应有盘旋、环绕之含义。

盘旋乃为横盘，分大、中、小三盘。大盘即可以称之为大圈，即两脚穿扣不甚明显，只是顺圈而走，为初学入门阶段；中盘即是中圈，即走转时两脚摩胫穿扣，"八字"明显，形如推磨，是为入门以后达标之阶段；小盘即不管脚下所行之圈的大小，只想以脊为轴，脊柱为玉柱，六球以神相连为龙，龙盘玉柱，绕柱而行，势如旋风，状如钻井，是为炉火纯青之阶段。

环绕乃为竖盘，亦分上、中、下三盘。上盘以眼球找肾球；中盘以肾球找睾丸球；下盘以睾丸球找足跟。

历代练功家，特别是练内家拳者都强调练拳要先练开展，后练紧凑，要由大到小，由外到内，先求方后求圆。肢体的展开是有限的，意念的展开是无限的。但肢体和意念的紧凑是有限的。紧凑的最佳点是"六球"和"一柱"。如果在行拳时，神、形、气、力都能启、承、开、合于"六球""一柱"，那么历代练功家所强调的紧、小、内、圆的理想目标就算达到了。演练起来，即可以形如神龙，首尾相连，上下一致，周身一家，无形无象了。

第二，"六球""一柱"是用法之总纲。

练法与用法是一个问题的两个方面，而又互相联系。练为用，练为知己，用为知彼，知己知彼百战不殆。通过上面的叙述，我们已经认清了"六球一柱"在身法上的作用。练是为了用，"六球一柱"在用法上也就是说在与人比手过招时起什么作用呢？

以推手为例，太极拳讲推手，八卦掌也讲推手，或者说练习八卦掌的人也应该练习推手。推手是为了懂劲，练懂劲是为了以小胜大，以弱胜强。推手的学问极其深奥，它包含力学、哲学、心理学、生理学，乃至现代科学信息论、系统论、控制论等诸多学科方面的学问和理论。但通过实践和解剖学知识，我们认识到"六球""一柱"是我们练习推手时的一个主要的研究内容，内中的诸多奥妙解开了，推手时就可以得心应手、随心所欲。我们将上述有关学科方面的理论糅在一起，可以形象地把自身比做一杆"秤"：人的两脚为"秤盘"，脊柱为"秤杆"，脊节为"秤星"，"六球"为"秤砣"，两睾丸后面的下丹田即会阴穴为"秤星"中之"小花"。两肾间的中丹田为"秤星"中之"中花"，两眼间之上丹田为"秤星"中之"大花"。两手为"秤毫"，神意为"持秤人"。两人推手或过招，应观对方出手推我或击我之部位来决定我之"六球""一柱"的调度与使用。

搭手或对敌，先要保持自身的"圆、静、沉、稳"。"圆稳"之法莫过于"六球"相合。两眼球向上丹田合抱，立刻会感到神敛意专，头脑清醒，神气逼人；两肾球向中丹田合抱，立刻会感到腹收、背圆、胸空、气沉丹田，神清气爽，重心沉稳，心里踏实，无不稳、不安之感；两睾丸球向下丹田即会阴穴回抱，立刻会感到溜臀吸肛，松腰圆胯，尾闾中正，神气贯顶，重心向下，周身轻灵，"对待无病"。

如敌向我正面进攻，若对方实力按到我之胸部时，我在敌手将触未触我之皮肤的瞬间，以意念想象身之"六球"断开，身若摊泥，对方会顿感落空，失去重心，向前倾倒。此乃"藤萝绕树生，树倒藤萝死"之理。若在对方感到落空，产生后收前倾之势的瞬间，我随之以意念想象"六球"相连，对方必向后方倾倒。此乃"引进落空""合力发人""后发先至"之理。用法之口诀为

"见入则开，遇入则合""引进落空合即出""沾连粘随不丢顶""彼不动己不动，彼微动己先动"等。

若敌单掌推击我之左胸，我则进右肾球，撤左肾球；若推击我之右胸，我则进左肾球，退右肾球。如此，敌必落空向我之一侧倾倒。我若再以手助之，以眼视之，则敌之倾倒必会加速、加重。

我若攻敌，如欲将敌向上掤起而发之，则应先想睾丸球，再想两眼球，敌必被掤起，失去重心，而向后倾倒。这是因为在想睾丸时肩胯松下，造成敌之前倾拔根之势；意想两眼球，两手、两足自会随之前攻，使敌在失势刹那间遭到进攻之力，而向后倾倒。若让敌方向前远方处倾倒，则脊柱中正，以手为支点，脊柱为杠杆，尾闾上起以眼神向前远方视之。若让其向前斜方倾倒，则可在敌拔根之际或左或右移动两肾球，同时以眼神顺其方向视领，敌自可向前左或右方倾倒。若对方根基稳定或身大力强，我欲将其撼动发出，则可轻轻晃动脊柱，与对方脊柱虚虚相照。以眼神逼之，四球助之，敌自会拔根而起，再乘势进击，则极易收效。

上述之例，只是说明在推手或技击时，在外须靠八门之威，在内须靠"六球一柱"相佐。两睾丸球管上下——想睾丸身即下坐，可拔敌根；想睾丸向上与眼球相合，可出掤敌之力；两肾球管左右——动肾球身如水，可化敌力；想肾球向远看，以眼神相助，可化打灵威；两眼球管远近——转脖颈，变眼球，威力无比；眼球动，四球跟，变化莫测。

手出劲，因为十指连心，手劲即心劲也。眼出力，因为"五脏六腑之精气皆上注于目"（《灵枢·大惑论》）。睾生精、肾生气、眼生神，"神贵于形也，故神制则形从"（《淮南子·诠言训》）。眼神可聚身之精力，但非拙力，而是神力、威力、灵巧力。发人之远近决定在眼、手，中主在腰、脊，依托在睾、胯。

八卦掌、太极拳击人的高级之法全在神意。遇到强敌，或旋转、或进退，皆在使其落空。在落空之时击、打、摔、发，在敌则逆来顺受，在我则事半功倍。敌若有如临悬崖、如踩毒蛇、惊魂落魄之感，则为击敌之最好时机。落空之法如果着意外形，敌必能察觉，即使察觉迟缓，有时也可补救。如果着意"六球""一柱"，则敌不易察觉，而一经察觉已是失势之时，落空之处。所以八卦、太极同仁应多多注意研究"六球""一柱"应用之法，其他武术同仁亦然。

第三，"六球""一柱"是健身之法宝。

祛病强身的方法有三，一曰补，二曰养，三曰练。补即饮食药物之滋补；

养，即休息，娱乐之精神调理；练，即多种形式的肢体运动，如武术、气功、体育锻炼等。三种方法都非常重要，三者相辅相成，相互促进，缺一不可。但健身最主要的方法乃是平时注意坚持身体锻炼，锻炼是强化内因，内因是变化的根据。在一般情况下，可以起决定作用。锻炼可以增进食欲，促进休息，通经化瘀，振奋精神，平衡阴阳。锻炼乃祛病强身之法中最重要一法。

锻炼身体亦有很多方法或项目。由于锻炼的方法、项目不同，运动所刺激的部位就不同，而所产生的效果也不同。

武术运动锻炼人的手、眼、身法、步、精神、气、力、功。锻炼，不但能达到祛病强身之目的，而且能使人灵活、健美，提高人体之抗暴能力。气功主要锻炼人的精、气、神，培养内气，通经化瘀，开关展窍。方法是以静为主，动静结合。锻炼还可以不同程度地激发出人体内部潜能。多种体育活动，或跑或跳、或投或游，多是单一的竞技活动，锻炼也可以高度强化人体的某一方面能力，提高竞技水平。

笔者认为，作为武术运动（特别是内家拳）和气功爱好者，其锻炼身体的内容和方法应该突出"六球""一柱"。

突出"六球""一柱"，是我们练功者提高身法水平和技击水平的关键，也是我们强身健体的法宝。抓住这个法宝，不但可以有效地祛病强身，还能进一步提高我们的防暴、抗暴能力，提高我们的演练水平。它可以作为一种"私"功夫，于无形无象中进行锻炼，进入不练自练的高级境界。

天之"三宝"日、月、星，地之"三宝"水、火、风，人之"三宝"精、气、神。睾生精，肾生气，眼生神，此三宝决定着人的生存、繁衍，代表着人的生命力。"六球""一柱"是"三宝"之源。脊为髓海，有造血功能。血为精之源，精为气之源，气为神之源，神为情气之聚。武术家、气功家（含道、儒、释）、医学家在练功、治病、健身、修身等方面都非常重视精、气、神的修炼。气功锻炼强调"炼精化气，炼气化神，炼神还虚"，也有被称为"炼髓化气"的。所以"六球""一柱"是人身之至宝，科学炼用乃健身之法宝。

现分述如下：

脊柱是人体运动和撑架的中轴和支柱，乃髓之海洋，血之产地，运动之链条，中枢之所在，协调主宰周身各部。

人类维持姿势、进行运动和各种生产劳动都是靠骨骼肌的收缩，牵动骨骼和关节来完成的。一切躯体运动都是在神经系统调节之下进行的，都是复杂的反射运动。而脊髓是躯体运动最基本的反射中枢。脊柱是联系体内各种脏器、腺体和大脑的主要通道。脊髓通过周围神经支配各个脏器，如同现代通信之载波线路，负担着极为重要的信息传递任务。需要经常进行检修和维护，特别是需要脊柱为其创造良好的保护条件。如果脊柱关节出现障碍，就会不同程度地影响到脊髓神经，"中央"对"地方"的某些方面的指挥就会失灵。目前，国内外专家研究已发现70多种疾病与脊柱力学失衡有关。这是因为脊柱平时负荷较大，而又不均衡。如果不进行均衡全面的锻炼，时间长了就会产生骨刺或弯曲，引起脊柱力学平衡的失调，引起该部位脊髓的有关神经功能的降低和有关脏器功能的障碍，进而引起神经系统、呼吸系统、消化系统、泌尿系统、内分泌系统等各系统的疾患。

脊背为五脏六腑阴阳之会，乃精气之所在，经络气血之总归。脊柱为督脉循行之主干，督脉属脑络肾，为阳脉之海，贯通四肢百骸。脊柱两侧为华佗夹脊，膀胱经出脑后夹脊下行，其上布有各内脏相应之腧穴。现代医学认为，脊髓有反射和传导的功能，神经节大都在脊柱两侧。医学界采用的生物力学疗法，就是从脊柱力学角度研究脊柱与疾病关系的学科。它是一门与内科、外科、神经科、妇科、小儿科、眼科、皮肤科、耳鼻喉科、内分泌科等都有关系的边缘性学科。医学工作者通过手术矫正脊柱异常或弯曲，使其外力与内力达到平衡和统一，使一些症状明显但往往找不到病因的疑难病，收到了手到病除的奇效。一门新兴的医学——脊柱相关病医学，正在我国迅速崛起。

医学实践告诉我们，加强脊柱的锻炼，好处如下：改善大脑皮层植物神经活动过程；使消化液、消化酶分泌旺盛；活跃造血机能；调节肌体酶的活力；改变小肠的吸收功能；使脊髓释放内啡肽升高，从而起到良好的镇痛作用；调节屈光功能、使视能力增加。另外，对呼吸、循环、泌尿、生殖、内分泌等系统，也都能起到积极的调控作用，使这些系统的某些疾病转愈。

所以加强"一柱"的锻炼，无论从练功和技击的角度讲，还是从健康、长寿的角度讲都是非常重要的。从身体防护方面讲，第一是头，第二是脊柱。从稳定人体重心的角度讲，也还是第一是头，第二是脊柱。脊柱有三十多块骨节，如同自行车的链条。而其中负担最重的是腰椎和颈椎。多发性的颈椎病、腰椎病、坐骨病等，多是长期脊柱运动失调或缺乏运动所致。

所以武术和气功爱好者应该把脊柱锻炼放在身体锻炼的首位。常人亦应如此。

脊柱锻炼之方法有六：一曰蠕、二曰摆、三曰转、四曰开、五曰窝、六曰观。

蠕，即蠕动。

练法：姿势不限，站、坐、卧、行均可。以意念强化脊柱从下向上，再从上向下一节一节蠕动，状如虫行。

摆，即摆动。

练法：姿势不限，站、坐、卧、行均可。以意念强化脊柱从下向上，再从上向下一节一节左右摆动，状如蛇行。

转，即转动。

练法：姿势不限，站、坐、卧、行均可。以意念强化脊柱做整体左右转和一节一节左右转。

开，即拉开、错开、撑开。

练法：姿势不限，站、坐、卧、行均可。拉开，是以意念强化脊柱，一节一节上下拉开距离。错开，是以意念强化脊柱，一节一节左右相互错动。撑开，是以意念强化脊柱，一节一节从内部向外撑，脊髓与脊管壁分开。

窝，即脊柱的前俯和后仰。

观，即观看。经常以意念从上至下、从下至上反复内视脊髓，可治疗多种脑脊疾患。

八卦掌的"转圈功夫"，八卦散手中的"游身掌""带手"，王培生老师的《三才门乾坤戊己功》一书中介绍的十三形，八卦掌的"连环八桩"（亦称八卦太极拳或八卦太极功），太极拳的"身如车轮，腰如轴"的理论，都是强化脊柱锻炼的科学有效的功法，学者可以参考之。

吕祖曰："人之精华上注于目，此身之大关键也。"（《太己金华宗旨》）眼球是人体的主要感觉器官，五行属木，主视传神，是人体精华出入之主要窗口。人的健康、威力、气质、智慧、感情、欲望、行为、意向等，都可以从眼神中反映出来。所以眼神的消耗是人体能量消耗的最经常、最大量的消耗。"止观""养神""回光反视"是传统养生、长寿、开智的主要方法和秘诀，而两眼球向上丹田环抱内视，就是其中的"止观法"的一种。

眼睛又是与外界交往联络的一个重要渠道，人们可以通过眼睛采天地之气，究天、地、人之奥妙，与外界交换能量信息，增强人体活力，开发人体潜能。

所以"止"与"不止"，"观"与"不观"，"练"与"养"，"动"与"静"都是对立统一的。掌握眼球的练与养，保护与使用的科学方法，对健身、强身、长寿、挖潜极为重要。

科学家发现，人有"第三只眼睛"，即"松果体"或叫"松果腺"，它位于颅内丘脑的上后方，与天门穴相对，呈灰红色，它虽然深居脑中，仅米粒大小，却神通广大。它能合成重要的神经免疫调节素——褪黑素，调节人体多种重要器官的功能，控制人体的发育、生殖、免疫、衰老等生理过程。专家认为它有可能是人体内的高位调节器官。激发利用松果体激素，有可能延长童年，保持青春，减缓衰老的进程，可以有效地开发人体潜能。

两眼球内视止观返照，可以集一身之精华——神光，温养、刺激松果体，产生松果激素。这是健康长寿，开发人体潜能的最简便、最直接的办法。

人的眼球威力极大，但质体极弱，不但经不起一粒沙尘、异物之刺激，而且视觉极易污染。淫、乱、脏、杂、丑、恶、邪、毒之事物，都可以通过人的视觉干扰人的节律，影响人的行为，造成人的身心与品德的变化。所以在保护锻炼眼球实体的同时，还要注意自身的文明修养，以保护和锻炼视觉不受污染，提高辨别善、恶、香、毒的能力，保持身心健康。

眼球的锻炼方法有八：一曰揩，二曰摩，三曰转，四曰视，五曰数，六曰止，七曰照，八曰念。

揩：即在睡醒时不睁眼，或练功前先闭目养神片刻，然后用两手大拇指背相搓，搓热即贴在眼球上，意想指背的热渗透眼内。如是七次，然后猛然睁大眼睛。

摩：即在揩的基础上，两眼轻闭，以两大拇指背立贴于眼球上，以指之第一骨节紧顶上眼眶，由大眼角向小眼角方向刮摩；然后仍以两大拇指背绕眼眶左右旋转按摩，正反各七次；最后以双手之五指抓摩两眼周围片刻后，猛然睁大眼睛。

转：即是闭目左、右、上、下各旋转眼球七次，然后猛然睁大眼睛，再睁着眼睛左、右、上、下各转七次。

视：即在上述基础上，于夜间黑暗处视香火，或于白天凝神视远方的绿色植物（最好是柳树）一刻钟以上。

数：即数建筑物的墙砖、瓦垛的瓦数、马路两侧的树木，塘湖岸边的鸭群、树下的群鸟等。

止：即止观。两眼回光内视一刻钟以上。

照：即以两手掌搓热，捂在眼面上，然后向前慢慢拉开约尺远，以两手之外气热量照射双目。照射时，两手可轻轻拉动、转动、晃动。时间一刻钟以上。

念：即平时多念"呬（发丝音）、吹、嘘、呵（发渴音）、呼、嘻"道家养生长寿六字秘诀（"呬"主肺，"吹"主肾，"嘘"主肝，"呵"主心，"呼"主脾，"嘻"主三焦），或单念"吹""嘘"二字。"吹"主肾，肾属水，水生木。"嘘"主肝，肝属木，木生火。常念这两个字可补肾养血柔肝。

念时要默念不出声。要出气时念，吸气时不念。念时出气要做到悠、缓、细、匀；吸气时要做到静、绵、深、长。念其他字也是如此。默念可以随时随地进行，也可以按五行生克、子午流注之理论选择时间。

《黄帝内经·素问·上古天真论》中："肾主水，受五脏六腑之精而藏之。"医学认为，肾主五液，入肝为泪，入心为汗，入脾为涎，入目为涕，入肺为唾。肾水充盈，可以养肝、补心、健脾养胃、宣通肺气。通过练功，强化了肾的功能，其他体脏腑器官的也就跟着强健起来，其他体液的代谢也就跟着兴旺起来。

津液，是人体一切正常水液的总称，包括胃液、肠液、唾液、泪涕等。气血津液是构成人体的基本物质，是人体脏腑经络组织进行生理活动的物质基础。津液对五脏六腑、肌肤、关节都有滋润和濡养的作用。津液散布肌表可以滋润和保护眼、耳、鼻、口等孔窍；渗于血脉，能充养血脉，生化血液；流注于内脏组织器官，可以濡养滋润各脏腑组织；渗于骨髓，可以充养滋润骨髓、脑髓；流注于关节腔，可以滑利关节。

肾脏是一个水液代谢的器官。它有过滤毒素、重吸收水分和营养的作用。

人体吸收的养料在细胞内经过氧化分解产生能量，同时也产生水分、二氧化碳、氨、尿素等代谢产物。这些产物一般有害于身体，是体中的废物，必须及时排出体外，否则，废物在体内积存多了，会妨碍正常的生理活动，严重了就会得病，甚至造成死亡。人体排泄出这些代谢最后产物的过程，叫做排泄。二氧化碳和一部分水（以水蒸气的形式）通过呼吸系统排出；一部分胆色素和无机盐（如钙、铁）随食物残渣以粪便的形式排出，其他代谢产物是以液体形式排出、如尿和汗。

在排泄系统中，以泌尿系统最为重要。这是因为绝大部分水溶性的代谢产物，特别是蛋白质的代谢产物（如尿素、尿酸、氨等）主要是通过尿液排出的。滤入肾小囊内的液体叫做原尿。原尿和尿液在量和质上都有很大差别，原尿的成分除去没有大分子物质以外，几乎和去蛋白质的血浆差不多；而排出的尿液的成分和血浆完全不同，几乎一点儿没有葡萄糖和氨基酸，氯化钠和水也很少。原尿的量比尿液多得多，健康人每天生成原尿约为150~200升，但每天排出的尿液只有1~2升。这是由于当原尿流经肾小管时，肾小管上皮细胞能将原尿中99%的水分重新吸收回到血液中去，只剩1%留下来成为尿液。肾小管上皮细胞还能重吸收原尿中全部葡萄糖、氨基酸和大部分钠。剩下的废物、多余的水分和部分无机盐，就由肾小管经过集合管进入肾盂，形成排出的尿液。如果肾脏发生病变，就不能起到正常过滤和重吸收的作用，会发生尿频、尿少、血尿或蛋白尿、糖尿等，就会严重地影响人的身体健康，甚至危及人的生命。

所以肾脏功能正常强健，不但可以随时把血液中的毒素滤掉，及时回收不应该滤掉的精微物质，而且可以操纵人体机能的整个运转情况和生命过程。它的盛衰强弱直接影响着整个人体的盛衰强弱。中医和气功学均认为，"肾为元气生发之地"，是生命之根。其道理就是因为肾主骨，属水，它不但有藏精、纳气、生髓之功能，而且通过"升清""降浊"和"蒸腾"的作用，可操纵人体的整个津液代谢，决定着人的健康、活力和生命，所以练功家应该十分重视两个肾球的保护和锻炼。当然中医和气功家所说的肾是一种广义的概念，是指现代医学所说的脑下垂体、性腺、肾脏、肾上腺素等在内的内分泌系统，但肾脏在整个内分泌系统中占有极为重要的地位。

保护的方法，一是了解肾脏的结构功能，采取相应的保护措施。如平时多饮开水，控制盐和糖的摄入量，适量增加一些滋阴补肾、强腰健骨的食物或药物，避免一些过度的刺激，如汗出当风，坐卧潮湿寒冷之处，过度的饮酒和性生活，抗病不医或过量食用多种抗生素药物等。但最好的办法是加强对腰肾的锻炼。

其锻炼方法有八：一曰搓摩，二曰拍打，三曰揉转，四曰念字，五曰观想，六曰虚握，七曰常抱，八曰游身。

搓摩：即每日睡觉前和起床后盘坐，以两手搓热，敷于肾部，令其热量渗入腰肾。如是三次，然后以两手紧贴两肾做上下、左右和环形之搓摩（次数不限，可几十次至几百次），搓至极热后停止，令热量由肾部向体内随意散发。如是三次，功毕穿衣。平时亦可隔衣而搓，方法相同，姿势不限。

拍打：即马步站立，以腰带臂，悠荡两手，交叉拍打两肾之前后。力度要以轻慢为主，适应后也可逐步加大力度，但要循序渐进。

揉转：即以意念令两个肾球上下、左右、前后移动。

念字：即平时默念六字秘诀，或单念"吹""呬"二字。"吹"主肾，属水。多默念"吹"字可强化肾气。"呬"主肺，属金，金生水，多默念"呬"字可补肾气之不足，促进肾气的生发、运行。

观想：即平时要内视肾脏，观想探测其结构颜色和运行奥妙。

虚握：即于平时得闲或不影响工作时，想象两手虚虚握住两肾，还可轻动手指做轻轻捏握之动作。久之则手有出汗现象，肾有微动感、行气感、舒服感。此法可调气补肾，增强肾功能，同时可治疗心脏和脑血管方面的疾病。

常抱：即以意念令两肾球向前环抱，使两肾球保持舒展的状态。

游身：即多练八卦的游身掌。其练法是两脚前后站立，重心在后脚，两臂前伸，然后转动腰肾，并以腰之转动带动两手两足的运动。两脚可不停地向前走动，腰身不停地转动。

阴阳之气交以不离为"好"。"好"者，"和谐""美妙""欢快""有动力""有生机"之意也。阴者女也，阳者男（即子）也。古人造字，寓意极深，认为人类最美的追求和最好的感受是男女相抱而爱。其爱的基础和纽带是"性"。因为"性"可以使人类幸福、繁衍。历代养生家、气功家、武术家、医学家，无论是禁欲派（认为性可以伤身，可以乱世）、节欲派（认为节欲可以健身，可以治世），还是运欲派（笔者定名），都认为运用性的能量可以强身健体。如道家的房中术，认为性的能量很大，可以用来生人，也可以用来强壮自己。即通过一些锻炼方法，不使精液排泄体外，而令其化为"精气"，回归到人的髓、脑中、血液里，可以极大地增强人体活力，达到健身、开智、益寿延年的目的。性欲的动力是"精气"和"精子"。"精气"是人体食五谷消化代谢后产生的精微物质，是人体生命力的体现，它是后天的"阴精"，为有形之物所化的有形之精。"精子"是人类的生殖之精，也是后天之精，曰"淫精"。它是无形之气所化的有形之精。五脏六腑之"精"，是充养人体生命活动的"精微"物质，而生殖之"精"则是生殖的物质基础。二者密切相关，在一定条件下，相互依存，相互促进。"阴精"足，则"淫精"足；"淫精"足，则"神气"足；"神气"足，则精力充沛，身体强壮。所以道家气功理论的核心和主要内容就是"炼精化气，炼气化神，炼神还虚"。古代医学家陶弘景在《养性延命录》一书中说：养生之道"以精为宝，施之则生人，留之则生身"。（当然"炼精者，非炼此淫精、阴精二者，乃炼先天无形之精气以化炁也。"——《一贯天机直讲》。但先天之精与后天之精，二者阴阳相系，休戚与共，不能分离。炼后天乃是为了返先天。）

睾丸是悬离体外的，是人类生命的摇篮。它的主要任务是制造精子，创造性的能量，加工生命的精髓。体内所有的生命器官也都要经常拿出自己的一部分能量支持睾丸的性能量的制造和维持工作。常见的阳痿、早泄、不孕症、腰酸腿软、头晕眼花、头发早白、牙齿早落、健忘失眠、皮肤粗糙无光泽等症状，在一定情况下，都与睾丸内部状况或流失过多等原因有关。所以加强睾丸的锻炼，再辅之以补和养，补、养、练相结合，激发人体活力，方能有效地祛病强身，防老抗衰，益寿延年。"虚者可以充盈，壮者可以久荣，老者可以长生。"

睾丸除了制造精子外，还产生性荷尔蒙。当荷尔蒙被激发时，它会引起许多腺体——肾上腺、胸腺、甲状腺、脑下腺等分泌荷尔蒙。男女性荷尔蒙对人类的和谐、性功能、生命活力有极为重要的影响。通过睾丸的锻炼激发荷尔蒙的分泌，可以有效地延缓衰老，延长人的寿命。

在古人眼里，生殖的力量是极其伟大而神秘的。世界各民族都经历过对生殖器的崇拜，把人类生命的本源归结为男女两性和性行为，认为人类的生殖力就标志着人类的生命力和后代的繁衍力。

气功家和武术家常说的"丹田"，其实就是阴阳两性的性器官的代称或派生。"丹"为男性生殖器，"田"为女性生殖器。尽管对于"丹田"的位置历代养生家、气功家说法不一，但都没有离开"阴阳"之意，即"意念"和"窍位"。意念乃"阳"也，窍位乃"阴"也，还是阴阳相交为"好"的思想范畴。不过"丹田"说已把练功与男女性交从实质上区别开了，这是我们祖先也是整个人类文明发展的标志。把男女两性交合视为自身繁衍的最好形式，把意守"丹田""积精累气"视为人类祛病养生、强身健体、益寿延年、开发人体内部潜能的最理想的方式和方法，这是我国古人从朴素、直观的体验中所悟出来的人类的生生之道，是东方人体文化的核心内容，是对人体科学和人类文明进步的伟大贡献。

从解剖学的意义上讲，对睾丸的锻炼可以直接刺激、舒缩睾丸肌、肛门肌，阴囊内的血管和不随意肌，生殖器周围大量的末梢神经、静脉血管、直肠肌、骨盆肌、膀胱等。

上述这些部位的运动，平时很少。有的部位只有在大、小便排泄时，或男女性交时才能得到刺激和运动。但这些部位在人体中居重要位置。整个生殖、排泄器官都聚集在这里。特别是盆膈尿道、阴道和直肠都靠它来支撑，并装着大肠、小肠、膀胱和肾，在盆膈下面还有一个尿生殖膈，它支撑着前列腺、输精管、库珀氏腺、阴茎和肛门等。这两个膈膜是人体守护生命能量的关口。加强睾丸锻炼可以使上述这些平时很少受到锻炼的人体最低位的生命器官，得到强有力的锻炼，从而连及胸膈，其他脏腑、腰、脊、背、人脑皮层等，使整个生命机能得到调整和加强。

底部器官之运动所产生的热能和心意之火，可摧"精"化"气"，吸入脊髓，再加上肾气的推动，可上扬至"巨峰顶"、入"泥丸"，沿任脉下行，濡养滋润周身经络脏腑。如此周而复始，如同水蒸成气，气化成雨而浇灌禾苗。此乃道家"周天搬运""调坎填离""炼后天反先天"之法，极符合自然变化之理，极合"天人一界"之道。且"阴跷一穴，人之八脉九经皆环拱之，阴跷一动而八脉九经皆动"。(《一贯天机直讲》) "阴跷"在谷道之前,膀胱之后,是道家"勒阳"之关、"采药"之路。所以张紫阳《八脉经》说:"阴跷一脉,诸圣秘之,高人藏之。"

睾丸的练习方法有七:一曰揉搓,二曰牵拉,三曰拍打,四曰抽提,五曰虚握,六曰观想,七曰逆行。

揉搓:两手用力快速搓揉两小腹下角气冲穴处,搓至极热停止,体会热量向内自由散发;两手分别于体前、后用力快速揉搓小腹下耻骨上和尾骶部(两手可前后交换揉搓),搓至极热停止,体会热量向内自由散发;两手交替搓摩会阴穴部位,搓至极热停止,体会热量向内自由散发;两手合力揉搓阴茎和睾丸,搓揉至极热停止,两手捂住,体会热量向内自由散发。

牵拉:以两手交换徐徐用力牵拉睾丸和阴茎,适应以后如有条件可于睾丸上系以重物。功深者可系数十斤重物,而泰然自若。

拍打:以两手交替拍打睾丸,由轻到重,功深可不怕足踢。

抽提:以意念极力向腹内抽提睾丸和阴茎。功深可将睾丸抽进腹股沟内。阴茎可练至"马阴藏相"。

虚握:以意念想象两手虚握两睾丸轻轻揉动,也可以以意念想象将两睾丸托出放在一手心内,视之如同两个健身球两手交替,随意揉转。

观想:周身放松,以两眼观察睾丸的自然有趣的舒缩运动,继而想象其精液、精子慢慢地变成"精气",向上蒸腾,归入骨髓,上达于脑。

逆行:阴阳交会时或练功过程中出现"活子时"时,下意识不使其能量排出体外,而是化为精气,通过脊髓和微观渠道上行于脑,如水——气——雨之循环。此法可使水上火下,阴阳平衡,万物滋生。其方法本文不拟介绍,习者可参看有关气功文献。

上述七法,姿势不拘,可自由选择。时间不限,可于早晚练习,亦可于深夜练习,白天有条件也可练习。其地点宜于密室之中。平心静气,排除干扰。练功前切要排除大小便,要控制性欲,不可堕入邪道,伤害健康。未婚青年只可练"抽提功",其他功法不宜练习。

综上可以看出"六球""一柱"功法在人类健身术当中的地位和作用。人之三宝的"精、气、神"三者相互联系、相互依存、相互作用,"精"是基础,睾丸是加工厂;"气"是动力,乃由肾球所发,"神"为主宰,乃眼神所现。"脊柱"为三者往来之通道和依托,是基础的"基础","主宰"的主宰。现在我们可以概括地说:

脊常动脏脐安，
神常养百病消，
肾常练骨髓坚，
精常保寿延年。
六球一柱随身转，
长功保健胜仙丹。

"六球""一柱"的锻炼，功法很多，不一定都练，可以根据自己的时间、条件、兴趣，自由选择一种或几种功法，进行坚持不懈的练习。坚持数年必有好处。

附"精、气、神生化关系示意图"。

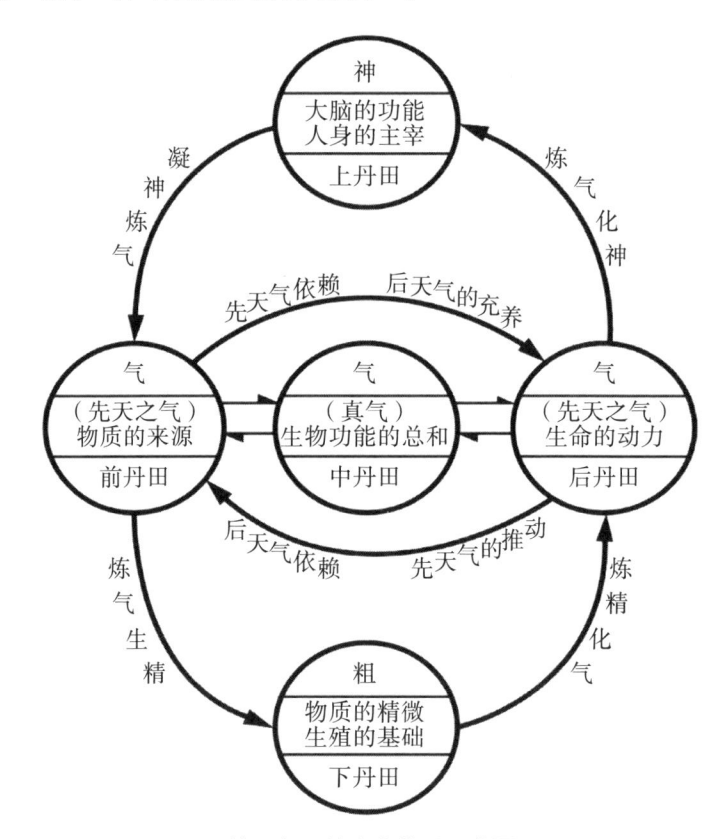

精、气、神生化关系示意图

张全亮
2022年3月17日修订
首次刊载于《东方人体文化·中华舞史研究》1994年1-2期

"按窍运身"在吴式太极拳体用中的具体实施

"以心行意，按窍运身"的理论，是已故吴式太极拳技击艺术大师王培生先生，在总结数十年体用实践经验的基础上提出来的。传统太极拳在体、用两个方面，都非常强调"以心行意，以意导气，以气运身"。王培生先生在实践中体悟到的"按窍运身"，要比"以气运身"更具体，更好掌握。实践证明，用这一理论指导健身和技击，作用更为显著。王培生先生提出的这一新理论，是对前人太极拳理论的一个补充、完善和发展，是对太极拳理论研究的一大贡献。

"按窍运身"，就是在拳术的体、用中，先将意念注于一个穴位，让内气自然向此聚合，随之其自会循经络运行，内动外随，细心体察，向上则如气蒸腾，向下则如水涸沙，极为细腻有趣。纯熟之后，在健身上可以有效通经化瘀，起到针灸、按摩的作用；在技击上因为我之内气，在体内细腻不停地流动，使对方之劲力无法落到实处，让对方感到如攀沙山，如陷泥潭，蹬不上劲，抬不起腿，迈不开步。功夫上身之后，越练越精，可达到"人不知我，我独知人，英雄所向无敌"的神明境界。

但是在实践中，如何实施"按窍运身"的练法，目前还没有见到系统、具体的文字阐释。

关于"按窍运身"的理论，在太极拳体、用实践中怎样具体运用，是一个比较复杂的问题，比如人周身有360多个穴位，以王培生先生创编的《吴式简化太极拳》37式而言，有178个动作，很多动作还要分解出很多小动作，这么多动作练起来怎样想？是一个动作想一个穴位，还是按照运动路线把分布在肢体上的所有穴位都要一个个想到，还是重点选择几个主要穴位，所选定的某个穴位应用于某一动作，对健身和防身有什么效果，要表述清楚，需要通过反复长期的实践体悟和大量的功效实例佐证，还要用大量的文字、图片说明。这是一个大的关于人体文化和人体科学的研究课题。

那么到底应该怎样具体落实"按窍运身"的练法？我认为应该从先粗后细，先重点后一般，先原则后具体的方法入手，慢慢地学习、实践、体悟、运用"按窍运身"的练法。比如先不涉及每个动作，先从吴式太极拳在体用上的一些不变的原则入手，就比较容易掌握了。

所谓不变的原则，就是吴式太极拳在演练和使用时，从预备势到收式整个过程中，无论是动式还是静式，从始至终都要保持的姿态和运动程序。

吴式太极拳在体用中有哪些不变的原则呢？我初步归纳了六个：

一是三融四坠腹内松。

三融：即头融天，脚融地，胸融空。

四坠：即肩（**肩井穴**）往腰（**命门穴**）上坠，腰（**命门穴**）往胯（**环跳穴**）上坠，胯（**环跳穴**）往膝（**阴陵泉穴**）上坠，膝（**阴陵泉穴**）往脚（**解溪穴**）上坠。

腹内松：就是气沉丹田。

具体如下：

脚融地，是想脚下生根，深扎八荒，意念越深越远越好。脚融地，把意念放在解溪穴，要细心体会根扎八荒之意境，想象树根融扎地到极远处时，再把意念转移到涌泉穴，意想回吸大地之精华，通过"树身"蒸发到"枝叶"。

头融天，是提起精神，想象头颅把颈椎（7节）、胸椎（12节）、腰椎（5节）四肢关节都一节一节拉直、断开。拳论曰"精神能提得起，则无迟重之虞，所谓顶头悬也"。头融天，是用百会穴周围的四神聪穴向上提大椎穴，要细心体会"大树参天生长"的气势。意念越高越大越好，枝繁叶茂根系会更加发达。想大树参天生长之势融插到极限时，再把意念转移到**百会穴**，意想回吸宇宙之精华通过"树身"润到"树根"。

胸融空，是把意念放在**膻中穴**。做静、绵、深、长的深吸气，极力扩大胸容，通过深吸气意使脊髓和脊髓腔壁分开，肌肉和骨骼分开，皮肤和肌肉分开，全身毛发都要竖起来。想象整个身体像一个从内向外一层层都充足了气的皮球，在深吸气胸容不断扩大时，要细心体会"如沐春风"的感觉。待胸容扩大到极限时，稍停再做悠、缓、细、匀且与吸气等速的呼气，开始进入四坠。拳论曰"能呼吸，然后能灵活"。

四坠，是把意念先放在肩井穴。然后想象三融之气化为润物无声的春水，通过**肩井穴**，依次向全身的骨髓、肌肉润，上肢到十宣穴（十指端），躯干到命门穴、下肢到环跳穴、阴陵泉穴、解溪穴，慢慢把全身骨骼内外都融化为流水。要细心体会"枝繁叶茂花果飘香"的美景盛况。

三融，是"内固精神，外视安逸""无形无像，全身透空"。想三融可以有效地调整脊椎力学失衡，防治多种疾病；可以使脑、脊组织放松，达到除张化瘀，健脑益智的效果。

想三融，是亲天，是神向上、向外，是天地分开。

想四坠，是敬地，是形向下、向内，是天地交融。

三融、四坠，是三才合一，如天罩地，如地包天，覆阴而抱阳。人与万物同在天地间孕育、变化。天是父亲，地是母亲，天地就是我，我即是天地，浩瀚杳杳，杂念皆无，只有一气尚存。三融四坠也是一种掤劲。

腹内松，就是在想三融四坠之后，把意念转移到命门穴，腹自回收，意念全部收回丹田，想象自己是一把打开的雨伞，又收了回来。整体感觉像是站立在停泊于水中的船上，有点轻微摇晃，即进入太极佳境。三融是神，四坠是意，腹内松是气，全身内外随神、意、气之开合是力。"三融四坠腹内松"就是一个大的周天循环，是神、意、气、力的化合。

三融四坠腹内松，是一种静态表现，主要用于太极拳的预备势，也是效果极佳的内功修炼方法。行拳过程在所有动作的运行和定势中也都要尽量保持"三融四坠腹内松"的良好状态。

二是公转自转气腾然。

公转自转指太阳与地球公转同时自转的运动规律。是宇宙间一切事物的运动规律，是吴式太极拳动态的表现特点。只要动就要用意使周身所有关节都以腰椎（命门穴）为圆心进行公转同时自转。以头为领导的上体运动是公转，以尾骶骨为领导的下体运动是自转。公转与自转是相互反方向运动，是身如拧绳、首尾相合、如猫寻尾的运动，是效法自然运动规律的运动。从整个身体看像是一个打足了气的皮球。从每个局部看又像是一部具有九曲轴、万向轮的机器，无微不利。公转、自转时要保持三融四坠的状态和腹内松静的妙感，意要向内、向下，神要向外、向上。

公转自转气腾然，是一种动态的表现。

三是单腿负重川轨步。

就是在每个拳式的体用上，都要把重心垂直在一条腿上，虚实要分得十分清楚；前进后退的运动路线都呈"川轨步型"，即在两足重心转换的运动过程中尾骶骨和两足呈瞬间的"川字步型"，定势时两足像是踏在两条轨道上，故称"川轨步型"。充分体现出拳论中"左重则左虚，右重则右杳"的要求。

单腿负重川轨步，是吴式太极拳独具的步法特点。

四是以腰使手走螺旋。

就是在整个行拳过程中无论前进、后退、左顾、右盼、举手、投足都以腰为主宰，以腰为驱动。手足都不要主动伸屈，更不能盲目伸屈，不能出现分力和勉强之力。是浑然一气的整劲，并且运动的路线成螺旋形。

以腰使手走螺旋，是吴式太极拳运动程序和路线的表现。

五是内导外随神领形。

就是太极拳先辈在拳论中所强调的"先在心，后在身""以心行意，以意导气，以气运身"，太极拳是哲理性拳术，是实用意念拳，是头脑功夫，是用意不用力的拳术。每个式子都要先想后作，先看后行。要用心意引导内气，以内气带动肢体。以眼神（包括内视与外视）领导着肢体的运动方向。"内导外随"是以阴面的穴位、经络从下向上或从上向下，带动着阳面的穴位、经络乃至整个肢体缓慢运动。其运动意念（路线）在体内时，以内视神的领导为主，其运动意念（路线）超越体外，向前后左右运行时，则以外视神的领导为主。

内导外随神领形，是吴式太极拳整体运动的特点。

六是按窍运身水润沙。

"按窍运身"的理论是王培生老师的创造，"如水润沙"的练法是我多年修炼吴式太极拳和研究拳理拳法过程中的一种顿悟。《十三式行功心解》强调"一举动，周身俱要轻灵，尤须贯穿""其根在脚，发于腿，主宰于腰，形于手指……"，《太极拳打手要诀》曰："节节贯穿，虚灵在中。"按窍运身，就是在体用时选择一个主要穴位，带动内气在肢体内缓慢运动；如水润沙，就是要想象内气在肢体内的运动是以如水润沙（由上向下）或如气蒸腾（从下向上）的形式边润边走，细腻入微，可以达到"想穴除疾，细腻化瘀"的保健功效。

按窍运身水润沙，是内气在意念支配下的运行特点。

上述六个不变的原则归结起来为如下歌诀：

三融四坠腹内松

公转自转气腾然

单腿负重川轨步

以腰使手走螺旋

内导外随神领形

按窍运身水润沙

一、"三融四坠腹内松"的理想穴位

松解溪，脚融地，根扎八荒；想涌泉，水上行，如气蒸腾。

松大椎，头融天，参天生长；想百会，气下沉，如水涢沙。

松膻中，胸融空，如沐春风；天地分，无形象，全身透空。

松肩井，身四坠，天地交融；尊天地，孝高堂，泉清水净。

松命门，腹（**神阙穴**）自收，周身荡漾；静如此，动亦然，太极佳境。

二、"公转自转气腾然"的理想穴位

腰（命门穴）为轴，间（长强穴）追肘（少海穴），公转自转；动转时，神（神庭穴）内敛，气要腾然。

三、"单腿负重川轨步"的理想穴位

想命门（穴），找环跳（穴），中正安舒；欲进退，想肩井（穴），沉肘（少海穴）动步。

四、"以腰使手走螺旋"的理想穴位

手脚动，以腰控，先开后合（肩井穴与环跳穴之开合）；内抽丝，外螺旋，虚实分清。

五、"内导外随神领形"的理想穴位

阴（阴面的穴位、经络）内导，阳（阳面的穴位、经络）外随，动与神合；上想下，下想上，前后皆然。

六、"按窍运身水涢沙"的理想穴位

想要穴，聚内气，缓慢濡润；极柔软，极松静，如猫捕鼠。

上述穴位的位置、归属与作用：

解溪穴，位于足背与小腿交界处的横纹正中之陷中。属于足阳明胃经。功能：引上焦之郁热下行，可通经活络。主治：头疼、眉棱骨痛、面肿、目赤、眩晕、心烦、腹胀、便秘、抽筋、踝关节肿痛、下肢瘫痪等。

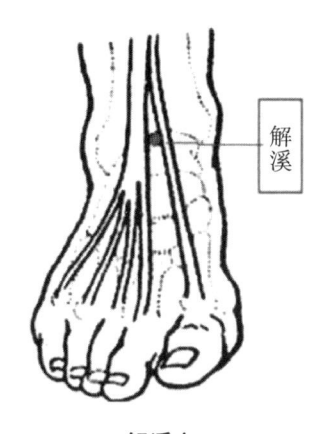

解溪穴

涌泉穴，位于足心，屈趾凹陷处。属于足少阴肾经。功能：通经活络，滋阴降火，补肾壮阳，开窍宁神。主治：黄疸、头顶痛、失眠、眩晕、眼花、咽喉痛、舌干、失音、小便不利、癫痫瘖病等。

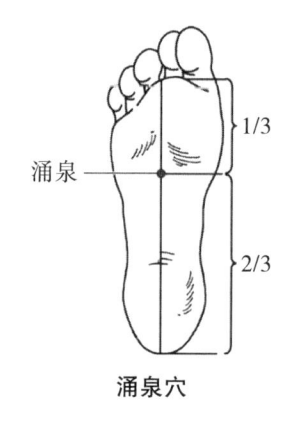

涌泉穴

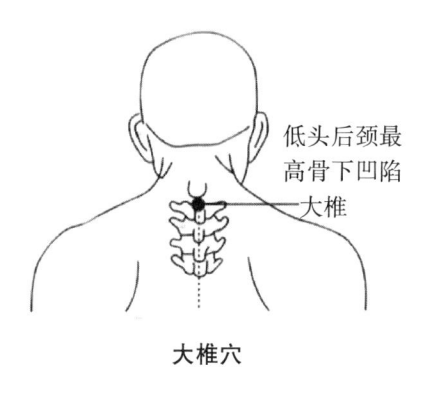

大椎穴

大椎穴，位于第7颈椎棘突下与第1胸椎棘突之间，约与肩平。属于督脉。功能：疏风清热，解表通阳，清脑宁神。主治：感冒发烧、咳嗽气喘、肩背疼痛、颈项强痛、疟疾等。

四神聪穴，位于头顶部，百会穴前后左右各一寸处，共四个穴位。属于经外奇穴。功能：醒脑开窍，镇静安神，清头明目，消除疲劳。主治：头痛、眩晕、失眠、健忘、癫痫、神经性头痛、脑血管病、高血压神经衰弱等。

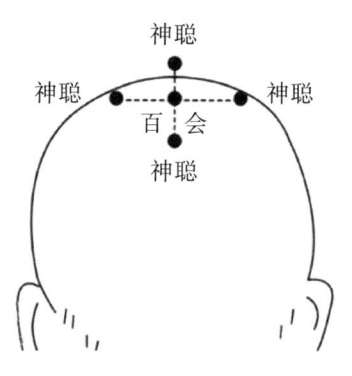

四神聪穴

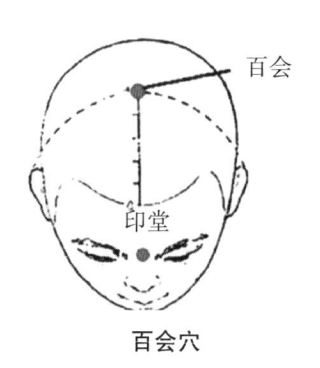

百会穴

百会穴，位于头顶正中线与两耳尖连线的交点处。属于督脉。功能：解热开窍，升阳固脱，平肝熄风，镇静宁神。主治：头痛、眩晕、惊悸、耳鸣、鼻塞、晕厥、中风、昏迷、癫狂、高血压、子宫脱垂、脱肛、阴挺、神经衰弱、健忘、血崩等。

膻中穴，位于两乳头连线之中正点。属于任脉。功能：调气降逆，宽胸利膈。主治：胸闷气憋、胸痛气短、岔气、气机不调、咳嗽气喘、痰多带血、肝气冲逆、心烦心悸、呕吐、泄泻、乳痛等。

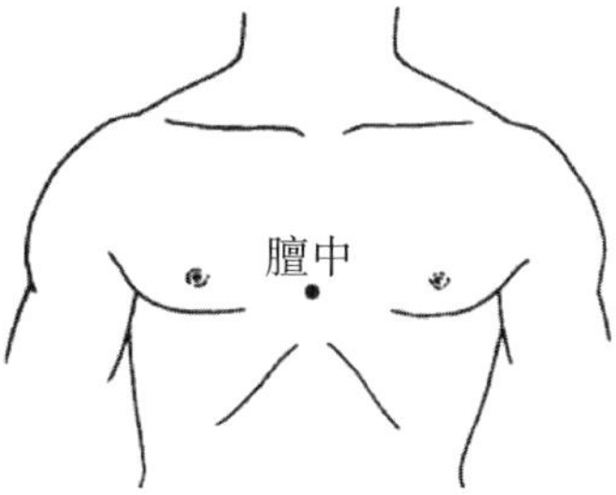

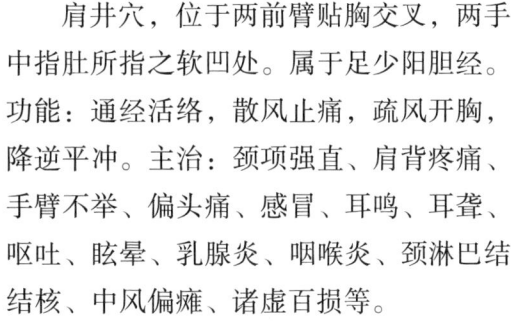

膻中穴

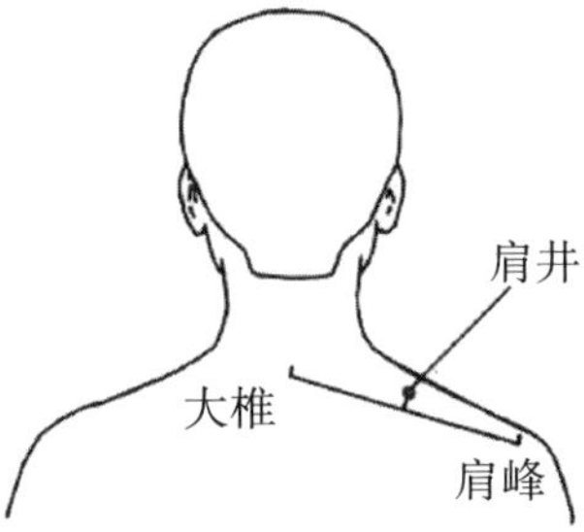

肩井穴，位于两前臂贴胸交叉，两手中指肚所指之软凹处。属于足少阳胆经。功能：通经活络，散风止痛，疏风开胸，降逆平冲。主治：颈项强直、肩背疼痛、手臂不举、偏头痛、感冒、耳鸣、耳聋、呕吐、眩晕、乳腺炎、咽喉炎、颈淋巴结结核、中风偏瘫、诸虚百损等。

肩井穴

命门穴，位于右肾左上角，第2、3腰椎之间，前与肚脐相对，侧与两肾相平。属于督脉。功能：兴阳益气，宁心安神，补肾固本，通利腰脊。主治：失眠健忘、头晕耳鸣、眼花、后脑痛、腰腿痛、脊强反折、五劳七伤、赤白带下、惊恐、脱肛、遗尿、尿频、遗精、阳痿、早泄、泄泻、下肢麻痹等。

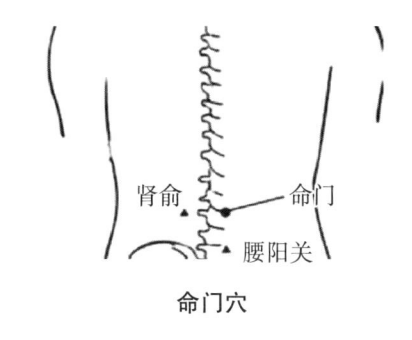

命门穴

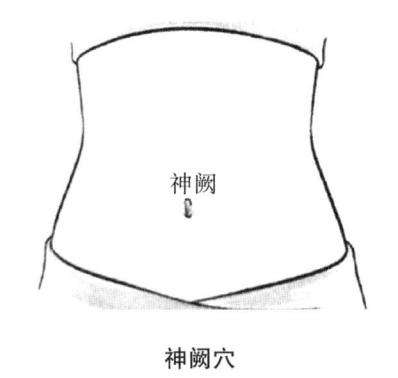

神阙穴，位于肚脐正中。属于任脉。功能：安神益气，滋阴壮阳，调理脾胃。主治：肠鸣腹痛、中风虚脱、四肢厥冷、尸厥、形疲体乏、绕脐疼痛、水肿鼓胀、脱肛、泄痢、便秘、尿不尽、五淋、妇女不孕等。

神阙穴

173

易筋洗髓返还功

长强穴，位于尾骶骨端与肛门之间。属于督脉。功能：通督任，壮阳气，通经活血，调理脏腑。主治：痔疮、痢疾、脱肛、泄泻、便秘、便血、阳痿、早泄、阴囊湿疹、淋浊、闭经等。

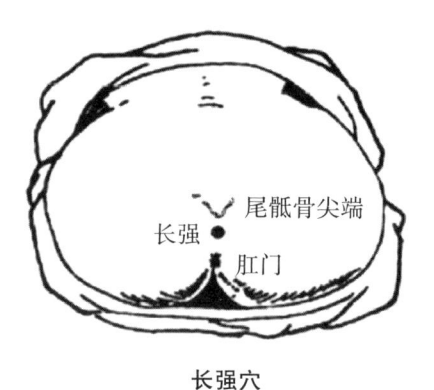

长强穴

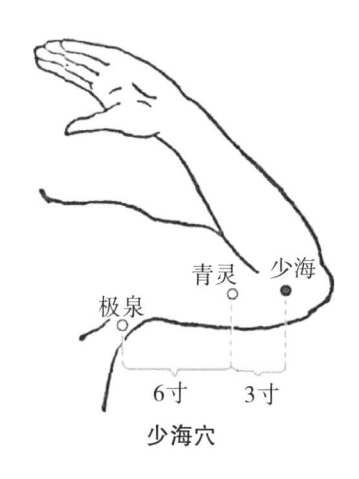

少海穴，位于肘内侧横纹头陷中。属于手少阴心经。功能：通经活络。主治：心痛、两臂麻木、肘关节痛、手颤肘挛、腋胁痛、颈痛等。

少海穴

神庭穴，位于入发际正中五分。属于督脉。功能：回阳救逆。主治：前头痛、眩晕、目赤肿痛、多泪、失眠、癫痫、惊悸、鼻炎等。

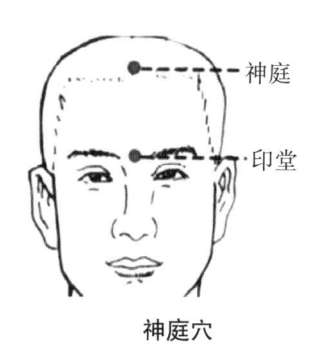

神庭穴

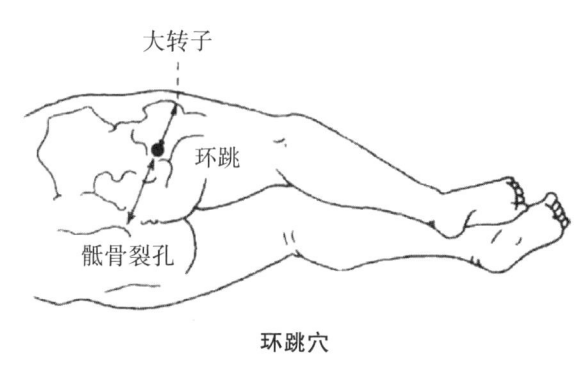

环跳穴，位于大转子骨的外上方，侧卧上腿屈膝足跟所能触及的凹陷处。属于足少阳胆经。功能：通经活络，驱风散寒，健利腰腿。主治：遗尿、糖尿病、尿潴留、膀胱炎、经痛、坐骨神经痛、腰胯痛、下肢麻痹、半身不遂等。

环跳穴

前面还提及了两个穴位即十宣穴，阴陵泉穴，顺做注释：

十宣穴，位于十指尖端距爪甲约0.1寸处。属于经外奇穴。功能：活血通经，回阳缓急。主治：一切急性病之失神、吐泻或欲吐不出、欲泻不下、喉痹所致呼吸困难、高烧不退、高血压、癫狂、短气不语、邪病大唤等。

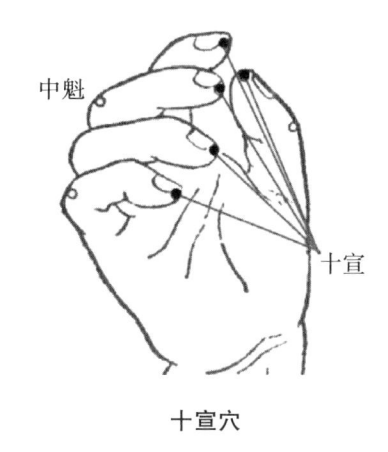

十宣穴

阴陵泉穴

阴陵泉穴，位于膝下内侧辅骨（胫骨）凹陷处，与膝外下之阳陵泉穴相对，略低些。属于足太阴脾经。功能：化湿导滞，通利小便，调经止血。主治：腹胀、腹泻、水肿、黄疸、小便不利、月经不调、膝关节疼痛、下肢麻痹、失眠等。

张全亮

2013年11月6日修订

附录六　受益者的回声

易筋洗髓丹江口　健康幸福伴你走
—— 第24届武当内家拳名家讲坛
暨首届《易筋洗髓返还功》全国骨干培训班记事

小满时节的水都——湖北省丹江口市，山清水秀，景色宜人。位于丹江口市右岸新城区的沧浪海旅游港更是环境优美，鸟语花香，空气清新。

2023年5月21—26日，由武当杂志社和北京鸣生亮武学研究会联合主办的"第24届武当内家拳名家讲坛暨首届《易筋洗髓返还功》全国骨干培训会"在此成功举办。

本次培训由著名武术家、梁式八卦掌、吴式太极拳名家、82岁高龄的张全亮老师亲自担纲主授。特邀嘉宾北京市大兴区体育局原党组书记、局长于宝贵先生及夫人，北京昌平区融媒体中心一级播音员王少冲先生，张全亮老师夫人马永兰女士、鸣生亮武学研究会现任会长张卫公先生，以及来自全国各地的数十名拳友参加了这次培训。

这次培训正课教学主要在丹江口市党校学术报告厅内进行，每天正课和早晚训练近10个小时，张全亮老师全程教学。由于是第一次面向弟子传授"易筋洗髓返还功"，所以张全亮老师教学特别认真，一丝不苟，对每一个动作都亲自示范；对每个功法的要领、情境、神意都反复讲解，用生动形象的语言引导学员体会领悟，确保动作准确到位，神意饱满充盈。针对个别复杂的功法内容，张全亮老师不厌其烦地反复示范，直到学员们学懂弄会。

教授"易筋洗髓返还功"特别吃功夫、耗体力，但在整个教学过程中，张全亮老师或站在台前，或站在学员中间，进行讲解示范，一教就是一个多小时，体力比学员们都要好。有些动作需要开声发力、拍按腾空，尽管他年事已高，也毫不含糊，全力示范，令学员们惊叹不已、敬佩不已，深感张全亮老师的功力深厚，激发了大家的学习热情和干劲。

一、静乐宫谒玄帝旅游港观沧海

练拳强身益寿的同时，还必须注重劳逸结合、练养结合。为了让饱受新冠疫情之苦，久未外出参加名家面对面线下教学的拳友得以全身心放松，更好地享受练拳带来的健康和快乐，其间杂志社还专门组织了游学活动。

学员们乘坐游艇徜徉在碧波荡漾的"南水北调"中线工程调水源头丹江口水库，在百喜岛上领略有"小太平洋"之称的汉丹二水交汇之壮阔，颇有些"面朝大海，春暖花开"的诗意。

在素有武当山九宫之首的静乐宫，拳友们了解了静乐宫的历史变迁，以及玄帝修真的故事等，在道气充盈、仙雾缭绕的宫观中深刻领悟了道教文化与内家功夫之渊源，进一步加深了对"易经洗髓返还功"所蕴含深邃传统文化内涵的理解。

二、畅叙心得 共同提高

为了加深对功法的理解，培训会还专门组织了学习讨论。学员们结合学习体会，踊跃发言，各抒己见。

嘉宾王少冲先生由衷地感叹："张全亮老师耄耋之年，不辞辛苦，不忘初心，矢志不渝地传承和弘扬中国传统武术文化，创编易筋洗髓返还功，造福人类，其精神之高尚、人格之伟大，体现出一名老武术家、老共产党员的大德和对人民的大爱，值得我们学习。"

学员山东临淄区鸣生亮拳法研究中心负责人曹淑云说："易经洗髓返还功是一套非常优秀的养生功法，全套功法分成五个单元十四式，每一式都是独立功法，都有独特功效，可以单独拿出来练，不同人针对各自身体情况，各取所需，非常灵活；全套功法合起来又是有机整体，按顺序步骤练习，效果更好。"

学员上海鸣生拳法传习所负责人王卫兵表示："易经洗髓返还功不仅是一套养生功法，同时也是中国传统文化的载体，功法里蕴含着儒、释、道文化精髓，蕴含着丰富多彩的意象、意境、情境和想象，且意象宏大、意境唯美、情境真切、想象奇特，有中国传统文学的意境美、诗意美，能修复身心，陶冶情操。"

学员鸣生拳法北京传习所秘书长罗持说："中国传统文化中，'象、数、理'三位一体，在修炼易经洗髓返还功时要重点理解和体悟'意象'中的'象'的能量体系，无论是意象、想象还是意境，都要能做到生动形象，有身临其境之感，才能接引天地宇宙能量。情志致病，情志也能治病，所以还要认真体会练功过程中的情志表达，做到心真、情真、意真，情真意切发乎心，通过情志的良性抒发疗愈身心。"

学员陕西汉中鸣生拳法传习所负责人何秋红说："第八式遁土观水壮五行，讲的是水与土相结合的意念练法。水土指的是人的肾与脾胃。'遁土观水壮五行'实质上是通过'遁土'与'观水'的象形取意，调动人的神意气劲，强壮人的肾功能和脾胃功能，再通过五行的生克制化，强壮人的五脏六腑。本式功法玄妙神通，奇思妙想，将肾和脾胃这人的先天之本与后天之本放在一起合练，水土合德，更显智慧高明。"

学员江苏昆山市鸣生拳法传习所负责人陈志强说："易经洗髓返还功既是养生功，也是武功。第四式'八方握固气力增'中的笑一笑、抖一抖、扎一针，是练习脚打、膝打、胯打、肩打、头打和激凌劲的有效方法。尤其是'笑'，舒心气、疏肝气、宣肺气、通肠气，能祛病养生，同时也是技击心法，临敌时，表情平静，视敌如草芥，近身击打时，二目一张，灵动一笑，劲力瞬间爆发，击敌如玩物。"

学员们讨论热烈，体悟出许多真知灼见，也提出了一些好的意见和建议，兹不一一赘述。

蓝也
2023年6月8日发表于《武当杂志》

张全亮、马永兰新著《易筋洗髓返还功》绝学秘法的应用

《易筋经》和《洗髓经》是高深的道家练功秘籍。魏晋时期的古小说《汉武帝内传》记载，道家练气长生之道已有"一年易气，二年易血，三年易精，四年易脉，五年易髓，六年易骨，七年易筋，八年易发，九年易形"的说法；北宋道藏目录学家张君房所编撰的《云笈七签·延陵君修真大略》也有"易髓""易筋"的记载。但由于释家、道家对外秘而不传，坊间流传版本稀少且真伪并存，久而久之便蒙上了"绝学"的神秘面纱。目前，一般认为扬州武师金家洲家传的经岳飞审阅刻板刊印的衙藏版古《易筋经》是坊间流传的最早版本。清代先后有目前认为功法最全的来章氏辑本《易筋经》、潘蔚著《易筋经图说》和周述官编撰《增演易筋洗髓内功图说》等文献问世。易筋洗髓功法逐渐为世人所广泛练习。

"易筋"与"洗髓"其实是《易筋经》修炼进阶相得益彰的两个层面，通常称"内经"和"外经"。传统的练功方法是先练"易筋"，后练"洗髓"。"易筋"坚其外而壮体，"洗髓"清其内而强心，外壮神力、内壮神勇，从而达到体征丹道、益寿延年的神奇功用。然而，传统《易筋经》文献旁搜博引、内容浩繁，"图说"文字也多动作姿态的简要说明，对于"易筋洗髓"灵魂的内丹心法秘诀却似乎秘而不宣，修炼者往往不得要领。我的恩师张全亮先生在近70年的内功修炼中，深得八卦掌名家李子鸣先生传授的《易筋经外经》功法和太极拳名家王培生先生传授的以心行意，按窍运身、身外六球的心法秘诀，以及道家龙门派武医奇人悟真子沈岳武道长传授的返还功呼吸大法真谛，提炼形成了"以神领形的运动特点，似水而动的运动规律，效法自然的运动趣味，旋转空无的运动态势"为功法灵魂，将"易筋洗髓"内功心法和人体文化熔为一炉，融会贯通，淬炼英华，诠释妙谛，编著成涵十四式的《易筋洗髓返还功》以飨读者，既继承了流传千古的《易筋经》《洗髓经》的绝学内核，又别开生面地揭示了寻经走穴、吐纳导引的意念、意象、意趣的奥秘。这无疑是一部赡博精致的"为生民立命，为往圣继绝学"的古法新书。

《易筋洗髓返还功》共十四式功法，第一、二式为心安神静、聚气调息的意念导引法、第三至第五式是畅筋宁血、壮阳增力的握固法；第六至第十二式是按揉摩运、涤腑清内的洗髓法；第十三、十四式为搓揉按摩、纳气归经的收

功法。每式包含手法、意念法、按窍法、穴位说明、功能效果和示意图。文字精要，简洁明了，示图清晰，图文并茂，易学易练，应用价值无与伦比。

从整体上说，《易筋洗髓返还功》十四式是一套完整的易筋、洗髓返还养生功法。《易筋经总论》说："功有渐次，法有内外，气有运用，行有起止"。易筋洗髓返还功的修炼应先练"握固易筋功"，后练"清内洗髓功"。易筋功，是武术健身的筑基功夫。筋脉联络周身，通行气血。"筋壮则强，筋舒则长，筋劲则刚，筋和者康"，所谓"易筋"，就是通过易筋功法的修炼，使筋膜"变弱为强，变挛为长，变柔为刚，变衰为康"（《易筋经总论》）。但同时《易筋洗髓返还功》十四式又都具有独立功法和功能，所以，可以根据需要和兴趣，单独修炼其中的某一功法，比如第四式"八方握固气力增"、第六式"扣齿揉邪击膻中"、第七式"吞津念诀安脏腑"等，其功法，既独立又完整，单独修炼也会对身体某些方面产生奇特功效。

全书的功法灵魂是以按窍运身的心法秘诀和鼓动气血的呼吸大法为操作法门，并由此升华为以神领形，似水而动，效法自然，旋转空无，有规有矩，有趣有味，如诗如画，情景交融的神意超然境界。比如第三至第五式的握固法，在依次用意念按窍针灸解溪、委中、会阴、命门、脑户、百会等穴以后握固，"随即把上述所有意念全部忘掉，静一静，使自己的身心完全从'常有欲，以观其徼'进入'常无欲，以观其妙'的先天自然状态"。"常有欲，以观其徼；常无欲，以观其妙"出自《道德经》。原文是"无名天地之始。有名万物之母。故常无欲，以观其妙。常有欲，以观其徼。此两者同出而异名，玄之又玄，众妙之门。"意思是宇宙万物最初没有名字，物无分别；有了名字，才分出万物。因此，要常从"有"中去观察体会"道"的端倪，透彻领悟其无边无际的境界；要常从"无"中去观察领悟"道"的本源，深入理解其万物化生的奥妙。宇宙自然，其大无边，其小无内。当我们思致意念及于宇宙之外，则超然无我而进入先天自然状态，达到恬淡宁静的最佳练功状态。《易筋洗髓返还功》要求完成每一动之后都要忘掉意念，重新进入忘我的先天自然状态以便启动下一动的意念。这不仅是前后动作转换的需要，更为重要的是使习练者的思致情怀由意念、意象构建的意境，提升到与宇宙自然融为一体的"天人合一"的最高境界。

由意念、意象构建特定的意境，是中国古老哲学意象性思维特征。《易筋洗髓返还功》的意念操作需要用意象创造别致的情境。比如第八式"遁土观水壮五行"功法，"想象自己的两手臂变成两个巨大的机械臂，一直插到土层深处，然后用力向前、向身体两侧、向身后挺身分拨；边分拨边起身，待两腿立直时，两手背恰好移至腰背，挺身观望，一个巨大的湖泊雏形展现在眼前。"这里的"巨大的机械臂"和"巨大的湖泊"，是通过联想、想象在大脑里所形成的意思图像。又如第七式"吞津念诀安脏腑"功法，"随即用意念想象往口中放入一粒乌梅，用唾液将其鼓漱融化后，将乌梅液（唾液）用意念控制分为三口下咽。"这里的"乌梅"也是通过联想和想象，把客观物象"乌梅"经过意念创造在主观意识中所形成的意思的形象。意象创造源于伏羲仰观天象、俯察地理，近取诸身、远取诸物，制作八卦以类万物之情的中华文明创造之始。汉字的造字方法象形、指事、会意；诗歌创作的比兴手法；写意画的意境创造；传统武术的仿生形意拳法等，无不是《易经》意象思维的文脉和智慧结晶。易筋洗髓返还功亦是如此。

通过联想、想象创造意象丰富、情景交融的意念情境。这种意念活动贯穿易筋洗髓返还功修炼的全过程，而要用好意念，必须运用好古传秘功内视法。内视，即摒除杂念，定心安神，闭目存想，返观内照躯体的某一个部位，如唐孙思邈《千金要方》卷八十一引《黄帝内视法》所说的"存想思念，令见五脏如悬磬，五色了了分明"。比如易筋洗髓返还功第一式"断镶润笑：随即再将神意内收，用神内视，用意想象周身所有关节从颈椎7节、胸椎12节、腰椎5节到骶椎、髋关节、膝关节、踝关节等都一一断开，只靠筋肉连接着，好像是解剖室内悬挂着的骨头架子，断开的每个关节间都镶着一只明净灵活的眼睛；每只眼睛里都点进了润滑剂，每只眼睛都在微笑，整个脊椎骨即像是一条刚刚保养的自行车链条，又像是能应万向的陀螺"。内视周身关节，节节骨断筋连，像珠串、似车链，如陀螺，松而不散、了然明净、圆活灵便，达到周身最佳的松活轻灵状态。又比如第十式"洗髓涤腑除痼疾"，想象用喷水清洗内脏，从头到脚，由上至下，颅腔、胸腔、腹腔，洗哪里就想哪里，神意内守，返观内照。易筋洗髓返还功的握固易筋、清内洗髓、吞吐呼吸均在凝神安息，目不外视，内观筋脉脏腑前提下营造意象丰富的意念情境来完成的。

内视法是流传久远的丹道内功，即所谓"内观之道"；在佛家称为"内观禅修"；同时，也是历代名医养生说多有记载的中医传统养生功，今谓之"内观疗法"。内观之道，重在凝神入内，目注脏腑，聚气于穴，虚极静笃，思寻体悟，物我两忘，从而由表及里、由里而外、由浅入深，易筋洗髓，内外兼修。吾师张全亮先生在长期的修炼中深得易筋洗髓功秘诀心法之精髓，将毕生经验归纳为"以神领形的运动特点，似水而动的运动规律，效法自然的运动趣味，旋转空无的运动态势"。这是《易筋洗髓返还功》的功法灵魂和修炼原则与指南。

吾师从恩师修炼吴式太极拳和梁式八卦掌多年。他在教学过程中一直贯穿他的这一指导原则和理念，引导我们营造意象丰富、情景交融的意境，进入以心领意、以意导气、以气运身、神意高远的心法境界。《易筋洗髓返还功》更是毫不保留地把李子鸣、王培生两位宗师和沈岳武道长的真传，以及他平生探索积累的熔儒、释、道、武、医为一炉的内功心法和盘托出。传统《易筋经》和《洗髓经》原本就是禅、道、医、武博通的大家所集撰而成的修炼秘籍，而并不是现代意义的单纯的健身气功。它的功法与内家拳法相通，或者说它的内功修炼方法完全为内家拳，尤其是太极拳所吸收。张全亮先生这部《易筋洗髓返还功》正是他在梁式八卦掌和吴式太极拳的长期修炼中，集众技于一身的成果结晶。"以神领形"是《易筋洗髓返还功》内功心法的基本特征，也是太极拳修炼的显著标志。关于"神"与"形"的关系，道光年间来章氏版本《易筋经》有一段话十分明白："且夫精气神无形之物也，筋骨肉乃有形之身也。无形者有形之本，此法必先练无形者为有形之培，有形者为无形之辅，有形者为无形之佐，是一而二，二而一者也。若专培无形而弃有形则不可，专练有形而弃无形则更不可。所以有形之身必得无形之气，相倚而不相违，乃成不坏之体。设相违而不相倚，则有形者亦化而无形矣。"以神为本，以形为辅，神形相倚。所以，聚气凝神，以神领形，乃为《易筋洗髓返还功》修炼的关键。

似水而动，顺势而为。这是吾师屡屡告诫弟子行拳练功的规律。水有固态、液态和气态三种形态，而液态为常态，其特性是滋润下行，至柔而又至坚。《易筋洗髓返还功》无论按窍运身、握固易筋，还是呼吸吞吐、揉摩洗髓，都应遵循这一规律。上善若水任方圆，动则柔若流水，如气蒸腾；静则安然祥和，清澈明净。本功法修炼过程中既有大海、湖泊的静态意象，也有戏鱼、喷水的动态意象，既彰显以水为象，顺势而动的功法，也显现效法自然生态的趣味。无论是易筋洗髓功还是太极拳修炼，效法自然是其基本原理。《孟子·尽心上》说："万物皆备于我矣。反身而诚，乐莫大焉。"天地万物的禀赋，反身而诚的效仿，无疑会赋予武术修炼无穷的乐趣，也会因此而使身体更为柔韧，达到周身轻灵、旋转空无的境界。

《易筋洗髓返还功》继承千古秘功心法，荟萃梁式八卦掌名家李子鸣、吴式太极拳名家王培生、龙门派道长沈岳武和著名武术家张全亮两代四人心血凝成的秘法。长期锻炼此功法，可以获得奇功良效，用《易筋经》紫凝道人的跋语：“病者得之而安，怯者得之而强，外侮闻之而慑，乏嗣得之而延；老者得之康健而寿，少者得之纯粹以精，女红得之勤而不息”，"引而申之，大则可以立功业，小则可以保身家，不论士农工商，若有此基，致堪任重致远以成其业。"作为秘功，原本师传身受而不轻易示于门外人。张全亮先生有感于新冠疫情之灾，太极拳习练者往往技不及人之忧，欣然奉献，以普渡慈航，促进人类健康，其仁人之心可鉴。

江门鸣生亮武学研究院　李日星
2022年3月9日

甲辰问道大别山易筋洗髓展笑颜

　　甲辰龙年4月最美的时节，著名武术家83岁高龄的张全亮先生不辞辛苦，应世太网拳游纪之邀，走进大别山开班讲学。怀着对传统武术的一腔热爱，对太极传承的责任与使命，他和夫人马永兰女士将自己数十年苦练精研中国传统武术，合理吸收多家拳术内功精华整理创编的《易筋洗髓返还功》传授给大家。

　　此套功法融儒、释、道、武、医多家内外功心法于一体，继承了三位恩师：梁氏八卦掌李子鸣先生、吴式太极拳王培生先生、道家龙门派武医奇人悟真子沈岳武道长传授的秘不外传的健身养生功法，有很深的文化内涵，很好的养生祛病效果。张老师2023年曾两次开班传授，得到了广大学员的喜爱和追捧。许多学员反馈非常好，尤其是调整亚健康状态、睡眠质量差、入睡困难有立杆见影的效果。从动作名称到具体练习都非常有趣，让人有一探究竟的冲动。

> 天人合一入佳境，调坎填离水上行，
> 灌指旋腕清肺肠，八方握固气力增，
> 撑肩长腰凝心血，扣齿揉邪击膻中，
> 吞津念诀安脏腑，遁土观水壮五行，
> 潜水戏鱼生童趣，洗髓涤腑除痼疾，
> 抖翎撒毛惊天大，呼吸天地体还童，
> 踩云回看神仙势，太极按摩气归经。

　　共十四个式子，这些生动形象且饶有情趣的动作，以前没有听说过，也没有见过这样练的。大家兴奋着、模仿着、体悟着……一时间仿佛回到了无忧无虑的童年，身心与自然开始融合了。它像一把开启人生智慧的钥匙，引领学员们一层层地探秘进去，去探索人体的秘密，探究人体小宇宙与天地大宇宙的关系。徜徉在祖先留下的传统文化宝库中，领略天人合一的境界。学员们兴奋不已，如饥似渴抓紧一切时间学习、揣摩、请教，生怕遗漏。

学习班期间，主办方还组织了丰富多样的交流、比赛、游学活动。游走在名山大川之间、湖泊庙宇之中，吸大地之灵气，采日月之精华，效法自然参拳悟拳，对学员们提高功夫很有益处。培训班上，张全亮老师还喜收五位贤徒，到场的不同门派的10位著名武术家，一同见证了此次庄重、简单而教育意义深厚的收徒仪式，并发表了感言。新入门的五位弟子来自不同的省市，是不同领域佼佼者。张全亮老师的几位得力弟子操办了此次拜师仪式。大家分工合作：主持拜师仪式，介绍嘉宾和新入门弟子情况，宣读门规师训，领读拜师词，行拜师礼。张全亮老师向与会学员及嘉宾介绍了自己梁式八卦掌、北派吴式太极拳、道家龙门派返还功师父和前辈的传承发展情况，并带领新入门弟子向前辈行鞠躬礼。新入门弟子代表发言表达自己激动的心情和尊师重道、刻苦学习的决心。四位老弟子和学员代表发表感言。作为张全亮老师的女儿，鸣生亮武学研究会班子成员，我用一首小诗献给老师和同学们，表达自己的感想：

  大别山美阳光媚，春生芳华吐嫩情。
  甲辰龙年鸾凤舞，欣欣向荣太极兴。
  明师指路前程亮，灵山圣水出鲲鹏。
  刚柔相济融天地，黄柏参天立云亭。
  不负天地父母愿，慧心点亮慰先行。

张小瑛
2024年4月28日

大别山学练《易筋洗髓返还功》有感

2024年4月19—23日，我参加了张全亮老师通过世界太极网拳游记平台在大别山举办的《易筋洗髓返还功》研修班。感到气场很足，感悟颇深，收获满满。

易筋洗髓功历来是名家各派的不传之秘，武功秘籍，是增长功力、练出化劲、预防练功拙力伤害身体、祛病延年的高级功法，是压箱底的好东西。

张老师又融合了梁式八卦掌、吴式太极拳、道家龙门派的修炼功法等，融合自己60多年的练武体会，精细琢磨，反复实践体悟，整理创编而成的。此功法集中国传统文化、中医、道家修炼、武术强身之大成，既简单易学，上手快，又效果显著。是帮助有缘人解除病痛，助弟子功力精进，深刻诠释大慈大悲的好功法。它既适用于已经入门，对太极拳有一定功底的人提升自我；又适合对没有任何基础，刚刚入门的学员打一个好的基础，找到一个入门的捷径；更能满足于身体不好，比较虚弱的人改善体质、强身健体。多说无益，练者自知。

4月19日，阴雨绵绵，虽然已至季春，但仍然感到丝丝凉意。张老师拉着行李包，在风雨中寻找大巴，因未带雨伞，衣服全被淋湿了，但他却面带微笑，淡定从容。

此次活动主办方为学员安排了多处景点，张老师始终和大家一起爬山涉水，每到一个景点游览完了，他就赶紧把大家组织起来练功，给大家讲解功法、传授心法，不厌其烦地一遍又一遍讲，唯恐大家听不明白，理解不够深刻。对每一个动作，他都要一个人一个人地纠正。

张老师怕其他活动影响课程，每天早上6点便组织大家练功，每天还利用晚上的时间给个别学员单独补课。抓紧一切可利用的零散时间，给学员们讲课，带着同学们练功。最终圆满地完成了授课任务，广大学员非常满意，都一致地发自内心地感赞，学到了真东西，找到了攀登武学高峰的捷径；同时饱览了名山名水的美景，开阔了心胸，扩大了襟怀；还看到了众多太极拳、八卦掌名家的技艺风采，培训班虽然时间不长，确收获满满。

结业分享会上，每个人都谈了自己的体会和感想。老弟子有的已是第三次学习"易筋洗髓返还功"了，但仍然一丝不苟地学习，一个动作一个动作地认真做，觉得学一次有一次新的体会，觉得功法内涵丰富，常学常新，奥妙无穷，觉得内劲功力和肢体柔化程度又有了新的进步；新学员对大家内功有了创办认知，觉得离太极之门又近了一步，因而对传统的内家功夫产生了浓厚兴趣，为练好太极打下了一个好的基础，为尽快入门构筑了快速通道。身体有小毛小病，亚健康的，通过几天的学习也改善了很多，睡眠好了，吃饭香了，精气神足了，衷心感谢世界太极拳网，衷心感谢张全亮老师。

学员　刘占廣
2024年4月28日

虚静自然方为道，返璞归真是神功

——张全亮大别山传授《易筋洗髓返还功》记

2024年4月19—23日，在神州中原大地湖光山色秀丽的大别山汤泉池，世界太极拳网成功举办了"2024年春季大别山游学活动"，在此次活动上，主办方邀请了国内太极拳陈、杨、吴、武、孙等各派领军人物担纲"拳游纪"导师，可谓是群贤荟萃，众星生辉。参加活动的还有各太极拳种类门下弟子、自由游学人260余人。在此次游学活动中，83岁高龄的中国著名武术家，梁式八卦掌、吴式太极拳名家，道家龙门派悟真子沈岳武道长传人张全亮先生任导师，传授易筋洗髓返还功和吴式太极拳经典招式的体用功夫。

张全亮先生重点传授的易筋洗髓返还功是张全亮先生和夫人马永兰女士，在数十年苦练精研传统武术及养生功法的基础上，在继承和发扬前辈智慧结晶基础上反复体验、反复揣摩，提炼总结孕育出的一套体系完整、易学易记的功法，本功法在浩如烟海的古代养生功法中，主要汲取了在中国传承最久最为广泛的古代《易筋经》《洗髓经》《八段锦》等精华，继承和发扬了八卦掌名家李子鸣所传《易筋经外经》，吸收了吴式太极拳名家王培生先生传授的"以心行意，按窍运身式"和"六球相佐"的心法秘诀，特别是吸收了道家龙门派武医奇人悟真子沈岳武道长内丹修练返还功呼吸大法，以严谨的治学态度，在继承传统又符合当代人身心现状的前提下，创造出了一套独特的修练功法，该功法把抻筋拔骨与丹道洗髓熔为一炉，巧妙结合在一，独特新颖，长期习练，可以起到启智开悟、缓解压力、舒缓心情、健身强身、延缓衰老的功效。

易筋洗髓返还功

易筋洗髓返还功也叫易筋洗髓十四式，通过张全亮先生授课示范讲解，深刻认识到本功法虽然简单易学好记，仅有14个式子46个动作，但功法所包涵的内容却十分广泛，吸收了儒、释、道、武、医等多家内功心法，通过练习，深感奥妙无穷。

易筋洗髓之功法非常古老而神秘，历来是禅宗修行的法门，道家修炼的秘钥，给人一种高不可攀的庄严神圣的感觉。通过学习张全亮老师的功法，方才认识到其功法妙处。何谓洗髓，洗者，即用水对物洗涤之意，功法对人而言有洗身、洗脏腑、洗脑之意，洗涤人的灵魂，洗取一个清静之身；髓即人体精髓，有骨髓、脑髓等，还泛指人体经络、皮肉、毛发等，传统中医认为人体各部位所藏精、气、神是生命之本，《素问》曰："五脏六腑皆出于精髓，以引血气，血气不和，百病乃变化而生曰"。张全亮先生提出要练好洗髓返还功，首先要从恬淡虚静入手，按照三丰祖师"凝神调息，调息凝神"入手，让身心进入"端庄平稳，气度开阔；三融四坠，断镶润笑；如沐春风，神舒气爽。下颌微收，舌尖上抵，眼向前看，耳向后听；着意丹田，背与后融；身觉摇动，渐入佳境"。用以简单易背的歌诀，使自己想象眼前是一片辽阔蔚蓝的大海，海面上升一座观音菩萨的大像，菩萨以慈善的眼神凝望着自己，自己瞬间被眼前景象融化；又或想象春天的早晨，自己行走在绿草如茵、鲜花盛开的公园，空气清新，鸟儿欢唱，周身舒畅，进入物我两忘之境，两脚平稳站立，举目远眺，远处山林里的小鸟欢腾跳跃，树上的蚂蚁会心微笑，同时两耳还听到身后远处山林飞瀑流泉、虎吼猿叫的声音，通过意念引导，把自己带入一个人间仙境，满心欢喜，周身空灵。思想意念进入到这种境界，就可以开始运气练功了。

何为运气，张全亮先生讲人人都希望有个好运气，好运气从何而来，不仅要从一个人的戒、定、慧中来，心存善念、向善而行，而且要从身体内发出的光和智慧中来。人体是一个小宇宙，从里到外都被气包裹着，人的下焦是元气，中焦为中气，上焦为宗气，气通则周身气血通畅，气滞则血瘀，血瘀则百病生。功法第三单元用三个式子，着重讲了握固运气的问题：如第五式撑肩长腰宁心血中，两拳握固（大拇指贴无名握指根，其余四指握拳）对肩井、对颈部、对两腋、对后背、对腰肾、仰身举、俯身举中的动作，通过握固手臂向肩井紧贴、转肩、挺腰、深吸气，用踵吸法将气吸足时，将气憋住，在气憋到极限时开始缓慢呼气，两拳仍然要用意紧握，气呼尽时头和上体复原，其余6个动作也一样，握固的拳头始终不停地用意内收紧握，七个动作连续完成后才可放松复原。这一功法吸收了道家双盘打坐养生之法，拉长吸气和呼气，促进心脑血管侧支循环，可有效预防心脑血管淤堵。

功法第二式为：调坎填离水上行，本功法取自《易经》八卦之象，坎（　）为水，方位正北，人体对应的窍位是会阴穴；离（　）为火，方位正南，人体对应的窍位是天目穴，也称上丹田，是藏神之所。水为阴、火为阳，依照古人养生之法，人体就是一个小天地，只有体内水火相济，身体才会阴阳平衡，才会日月同辉，延年益寿。功决歌诀：

> 重心左移右控左，两足平立横膈松。
> 阴阳悬踏水上行，汇聚丹田神气充。
> 肩肘如辘手如桶，提水摇摇到山顶。
> 水至巅峰慢灌溉，毛发身心沐春风。
> 一气三清透顶门，任其百脉自调匀。
> 全身空透西山磬，虎吼猿鸣河水净。

如歌诀，并先让周身放松，风平浪静，意念内收，想涌泉，肩井相通，然后用意念带动两手将"井水"上提，肩肘如井中提水的辘辘井绳，手如水桶，将水提到头顶，化作雨露甘霖，后向全身慢慢灌溉洇润，再后向全身缓慢灌溉，从泥丸到脏腑，骨缝神经，随后带动两手洇润至四肢百骸，周身汗毛，全身如春天的禾苗被春雨抚慰，舒畅愉悦。接着身体好像"西山悬磬"，两胯、两肩向外松，掤、头向上虚虚领起，神意向自然、沉落，周身空空静静，若遇敲击，发出一种摄人心魄的吼声。常练此式可洗涤滋润五脏六腑，调节人体阴阳平衡，壮元固本，减少易感风寒以及口舌生疮，胃肠道疾病和急躁易怒之症状。

功法第三单元第七式：吞津念诀安脏腑，则是参照传统古老养生功法"赤龙搅海"，以舌在口齿间前后左右来回搅动，轻咬舌尖、舌中，鼓激口腔内产生大量唾液并发声吞咽，同时为了加深口内津液对身体的洇润，功法特意要求意想取一粒乌梅入口，并在口腔鼓漱，待乌梅溶化后，用意念导引咽到膻中，第二口咽到小腹（丹田），第三口咽到会阴，以"静、绵、细、长"的深呼吸为动力，推动握固的两拳缓慢平行拉抻，乌梅液（唾液）亦随抻拉向身体的四面八方雾化洇润。如太极内功祖师张三丰诀曰"甘露满口，以目送之，以意迎之，送下丹釜，凝结充气以养之"经常吞咽唾液，可以灌溉身体的各个器官组织，滋养强壮五脏六腑，提高消化吸收，吐故纳新的功能，是非常有效的养生抗衰功法。

　　以上仅是张全亮先生《易筋洗髓返还功》中功法的一星半点，其中还有许多精彩内容，笔者初学，在此不做详尽描述。作为张全亮先生的入室弟子，十分荣幸学习了解了这套功法，初步接触功法首先感到震撼，师父能从名目繁多、形式各异的健身养生功法中，以自己几十年的修炼和严谨的治学态度，博采众长，独创出一套既符合传统的优秀养生功法，又符合现代人身心健康的锻炼方法，将极大促进习练功法的人的身心健康；其次是这套功法将抻筋拨骨，气功修炼、八卦站桩有机结合在一起，动中有静，静中有动，吐纳导引，阴阳合德，后天返先天，达到延缓衰老的功效；第三是功法各单元以歌诀为形式体现，朗朗上口，易学好记。另外功法的动作也不复杂，动作可大可小，呼吸可长可短，既可分单元练习，也可分单式练习，适合各年龄段的人习练。

毕志敏

龙虎问道洗髓返还
——北京鸣生亮武学研究会龙虎山《易筋洗髓返还功》
第二期全国骨干培训班记事

　　刚下武当，又上龙虎。继首届《易筋洗髓返还功》全国骨干培训班在武当山成功举办后，第二期《易筋洗髓返还功》全国骨干培训班，又于9月17至22日，在道都龙虎山圆满结束。这次培训班由北京鸣生亮武学研究会主办，鸣生亮武学研究会北京分会龙虎山道医文化研究院协办。著名武术家，梁式八卦掌、吴式太极拳名家，八十二岁高龄的张全亮老师亲自授课。来自全国各地的28名传统武术功法爱好者参加了这次培训班。

这次培训班正课教学主要集中在龙虎山钱家村钱氏祠堂内进行，每天正课和晨练近8个小时，张全亮老师都全程在位、全程教学。由于这次培训班主要面向社会招生，与首届培训班主要面向张全亮老师的弟子不同，大部分学员都是多年来以道家辟谷养生为主进行练习的企业界、学术界、医学界的精英人群，传统武术功法基础比较薄弱，他们是慕名而来，所以张全亮老师把教学重点放在让学员深入了解功法，熟练功法、规范动作和启智开悟的引导上。为了让学员们尽快掌握功法动作，张全亮老师特别认真，对每一个动作都反复示范；对每个功法的动作要领和神意要求都细心讲解，一遍又一遍，不厌其烦，直到学员们学会弄懂。为了充分调动学员们的主观能动性，每次集中教学后，都让学员们走到台前，一个一个地练习，面对面，手把手地纠正动作，然后让学员们逐个提问，答疑解惑，尽量把问题解决在课堂上。

办班期间，龙虎山最高气温在三十五六度，潮湿而炎热，祠堂内更是闷热。课堂上张全亮老师时常汗流浃背，衣衫湿透，但他不顾年迈，不辞辛劳，始终站在学员们中间，一丝不苟地进行讲解示范。学员们深深折服于张全亮老师严谨的治学态度、深厚的武学功力、深邃的武学思想和无私的奉献精神，十分珍惜这难得的学习机会，练习时更加自觉，更加努力，在短短的时间内就掌握了功法套路和动作要领。期间，张全亮老师还利用每天晨练时间，传授学员们"传统吴式十式简化太极拳"，使学员们互学、互练、互参。

易筋洗髓返还功

为了让学员们深入理解《易筋洗髓返还功》的功理功法和传统武术文化内涵，培训班期间专门组织了两期"龙虎夜话"和一期学习体会交流活动。学员们结合日常练功实践和这次学习体悟，踊跃发言，谈感想、谈体会、谈收获。

鸣生亮武学研究会北京分会会长、龙虎山道医文化研究院院长罗众深有感触地说："《易筋洗髓返还功》是张全亮老师和夫人马永兰女士，在数十年苦练精研中国传统武术基础上，吸收多家拳术和内功精华，特别是梁式八卦掌、吴式太极拳、道家"返还功"呼吸大法等健身养生功法，经过长期研究实践创编而成。本功法融儒、释、道、武、医等多家内功心法和人体文化精华于一炉，内外兼修，内涵丰富，外延广阔，具有延缓衰老、启智开悟、强身抗暴等功效。张全亮老师是世界非遗吴式太极拳代表性传承人，他虽耄耋之年，但千里奔波，上武当，登龙虎，矢志不渝地传承和弘扬中国传统武术文化，令人感动、令人敬佩。我们能在道都龙虎山，结缘张全亮老师，结缘《易筋洗髓返还功》，是莫大的缘份、莫大的福报。我们不仅要勤勉练习，立命利己，还要广泛传播，造福众生。"广州七星螳螂拳协会永久名誉会长梁上燕在发言中强调："修炼易筋洗髓返还功，要重点抓住张全亮老师总结的'以神领形的运动特点，似水而动的运动规律，效法自然的运动趣味，旋转空无的运动态势'总纲。这个总纲弥足珍贵，它不仅是易筋洗髓返还功的神意灵魂，也是传统内家拳太极拳、八卦掌的神意灵魂，我们需要深入学习领悟。"鸣生亮武学研究会北京分会秘书长罗持说："常言道'传功不传诀'，又言'得诀归来好读书，得诀归来好练功'。修炼门内从来都是千言易得，一诀难求，而在《易筋洗髓返还功》中，张全亮老师毫无保留将这些珍贵的练功秘诀传授给我们，体现出他的开明、无私和奉献精神。这些歌诀工整对仗，朗朗上口，有古诗词的韵律美、意象美、意境美，我们要珍惜、要熟记。"学员潘守培教授在交流中由衷地感叹："我过去对传统武术和功法了解不多，这次参加培训，与张全亮老师深入交流，就像打开了一扇窗，了解到传统武术和功法中蕴含着丰富的文化哲学思想和智慧，如功法中的欲左先右、欲开先合、寓动于静、对拉拔长、神意不同处、对立统一等等，无不充满着哲学思辨。功法中的一些意念、意象、意境，多姿多彩，奇思妙想，超越现实，能够解放自我，愉悦身心。"学员三闲年龄虽小，但自幼学习书法、国画、古琴、茶道等传统文化技艺，他结合练功体会谈到："书法养正与功法的端庄平稳、气度开阔，国画留白与功法的旋转空无，古琴以和为美与功法的水火既济、天人合一，茶道'正、清、和、雅'的精神核心与功法儒、释、道、武、医兼容并蓄的文化内含等，都具有共通性，都同根同源，都同声相应、同气相求。通过这次学习，我不仅加深了对传统武术功法文化内涵的理解，也加深了对中国传统文化的理解，收益良多。"学员们发言积极，讨论热烈，这里就不一一赘述了。

培训班授课期间，张全亮老师又喜收4名弟子。他们有的是杰出青年学者，有的曾经是地产业的精英女性，有的是上市公司老总，有的是武医结合优秀青年。通过宣读"门规师训"和"拜师词"等方式，让新入门弟子接受传统文化洗礼。

这次培训班得到了鸣生亮武学研究会北京分会龙虎山道医文化研究院的大力支持，特别是罗众会长和罗持秘书长等服务人员为保障培训班的顺利进行付出了辛勤劳动。为了感谢鸣生亮武学研究会北京分会在弘扬鸣生亮武学等方面做出的贡献，张全亮老师特意向北京分会罗众会长赠送了由著名书法家张鹏先生书写的"紫气东来"墨宝。

蓝也
2023年9月28日

《易筋洗髓返还功》印象
——一个业余制作者的话

缘于《易筋洗髓返还功》解说,一年前胡志伟老师把我介绍给张全亮老师开始沟通《易筋洗髓返还功》解说词的录制事宜。这是我从事播音三十八年来感受最深的一次配音。它让我经历了七个"之最"。

一是解说词体量最大。《易筋洗髓返还功》分五个单元,共两万二千三百字,解说时长190分钟。

二是文字水准最高。纵览全篇两万多字,录制完成后给我的感觉是"多一字不可,少一字不行"而且"每一式的命名"和"练习要领"的措辞都是经过反复推敲锤炼的诗句,既朗朗上口便于记忆,又彰显了中华民族优秀传统文化的内涵与外延。由此张老给我的印象是一位文化底蕴深厚的"诗人武术家"。

三是修改次数最多。由于篇幅长,解说录制以单元为单位。因为功法教学片本身专业性就强,再加上易筋洗髓返还功是张全亮老师和夫人马永兰女士在苦练精研中国传统武术多种拳术和内功精华的基础上创编的全新功法,无可借鉴。录制过程中要与张老反复磨合。语速不是慢了就是快了,要么就是读音有误;再就是解说词的表述经张老反复推敲认为不准确的,要反复修改。改了录,录了再改,改了再录。

四是最受信任。张老的弟子遍及海内外,各行各业专家学者不计其数。老人家能把多年呕心沥血创编的功法交给我一个外人录制解说,是对我莫大的信任!所以我没有理由不全力以赴。

五是最值得自豪。解说词录制完成后,我有幸随张老赴湖北武当山参加他举办的易筋洗髓返还功第一次全国骨干培训班,学练"易筋洗髓返还功"。在开班典礼上张老还给我颁发了印有"金声玉磬扬国粹无私奉献益人民"的金牌。这褒奖太过其实,让我诚惶诚恐。其后,更让我引以自豪的是接下来的视频后期剪辑制作也交由我完成。这是张老对我进一步的认可和信任。

六是作者的严谨精神最佳。在整个录制过程中给我感触最深的是张老一丝不苟、精益求精,严谨的治学态度。那是在合成视频的时候,张老提出:把功法第四式"八方握固气力增"中的"笑起来""抖起来"改回最初的"笑一笑""颠一颠"。在视频制作后期,张老反复推敲,最后决定:将第二式的第二句歌诀："阴阳悬踏水上行，汇聚丹田神气充"中"重心左移……"改为"左脚横移右控左"。诸如类似的修改、补录、重新合成，我记不清有多少次了。每次都被张老严谨负责的精神感动！张老的标准是："著书立说不可轻易为之！教学著作必须表述精准，无可替代！切不可误人子弟"。

  七是影响力最强。通过武当山参加培训的切身感受和历时一年的音视频制作，我坚信：著名武术家张全亮老师创编的这套《易筋洗髓返还功》是造福当代，利在千秋的文化瑰宝！其广泛传播，不仅是中华民族的一大幸事，其影响力也一定会遍及全世界，造福人类。

王少冲

2024年2月21日

跋
——武艺融武医，京华蕴精华

《易筋洗髓返还功》也叫《易筋洗髓十四式》，是著名武术家，梁式八卦掌、吴式太极拳名家，世界级人类非物质文化遗产代表作名录吴式太极拳保护单位负责人、传承人张全亮先生和其夫人马永兰女士共同完成的新作，成书后张全亮老师谦虚，要我为他们的书稿把把文字关，并请我写几句话为"跋"。这是张全亮师兄对我的抬爱，但为我素来敬仰的德艺双馨的师兄师嫂的新作写"跋"，也是我的荣幸和学习的好机会，我自然乐于从命；果然阅毕书稿后，我对作者的发心和格局更加肃然起敬。

传统武林有"宁说十手，不说一口"及"法不传六耳"之规矩。20世纪八九十年代我跟随李经梧老师习武期间，曾有幸得老师单独传授内功心法，授毕，强调一句，"师兄弟之间尽可交流拳技推手，内功免论"。当时我虽不解其意，但须"依教奉行"。后来我也明白了为什么我和几位资深师兄相处甚好，但他们从未指导过我"内功"。

在大吴式门中，张全亮先生绝对算是我们这辈的"资深"师兄了，他得到前辈"太极五虎"王培生师叔的真传，但不自傲亦不保守，数十年如一日呕心沥血传承经典功夫，其"拳术之道贵在精纯，成功之道贵在坚持，为人之道贵在诚信，育人之道贵在开窍"的研学理念，深得前辈恩师的首肯和广大武林同行的认同。

张全亮师兄曾拿过锄，扛过枪，务过工，当过先进，做过领导，但这些丰富的工作经历，他从不宣扬炫耀，总是谦虚行事，低调做人。相对于作者在武术上的探索实践取得的业绩，几乎使人们忘却了前面的光环。现在年逾八旬的全亮师兄，仍练功不止，笔耕不辍，将前贤不同门派的心法精华合三为一，整理出《易筋洗髓返还功》，这已远超"功名"而进"功德"境界了！

诚然，言武不离打，"势势存心揆用意""因敌变化示神奇"。全亮师兄在八卦掌和太极拳的技击、推手的研究和实践上所下的功夫和积累的经验，不逊于许多专业武者。

中华武学既是显学，又是玄学，讲究文武兼研、性命双修，所谓"若言体用何为准，意气君来骨肉臣。详推用意终何在，延年益寿不老春"。关于这点，张全亮师兄不但能"知行合一"，在"悟"到的同时也"做"到了。同时他还发心让大家都"知"而都"行"，都悟到，都受益，都得"道"。我觉得这正是张全亮师兄敢于冲破保守思想，将《易筋洗髓返还功》出版问世的初心和诚心。

将该书稿通篇读罢，我深深感受到了作者"为往圣继绝学"的拳拳之心和"为生民立命"的浓浓之情。本书熔作者终身所学所研的"儒、释、道、武、医等多家内功心法和人体文化精华于一炉"，将历尽千辛万苦所得到、所练就的武门、医门、道门养命抗衰之最基本、最内涵的功法功理一一列出，尤其是突出了运动之"运"和调心之"调"，可谓指路标识。大家阅书识智明理，如果能得到作者面授身传及交流研讨、答疑解惑，锻炼和修炼效果会更佳。这不由使我想起了一位医学出身的知名京城作家冯唐的那句话，"好智商、好情商不如好习惯"，阅读和锻炼都是他推荐的好习惯。我真心希望广大武林同道，广大太极拳爱好者，乃至热心于各种健身养生运动和研究的广大志士仁人，不妨拿出一些时间认真研读一下这本难得一见的好书，练一练这套精湛难求的好功法，你会收获意想不到的奇异感受。

该功法内涵丰富，功效全面，趣味新鲜，独具特色，芬芳沁人，全面而经典地体现出了中国传统武术、传统文化、传统健身功法的博大精深和其健身抗暴、启智开悟的综合功效。易筋洗髓能"抗衰"，定能"防疫"，这也是作者分享给大家抗击疫情的有力武器，希望有更多的人学会使用这个有力武器。强种强国，惠泽天下。

单颖
2022年8月20日

单颖，太极拳大家李经梧先生得意弟子，陈、吴两大流派太极拳名家，曾任海关出版社编辑，央视"武林大会"专家评委等。著有《太极七日通》《太极指引手册》《一拳一世界》等教材。

后　记

　　《易筋洗髓返还功》在成书过程中得到了多位朋友、同门和弟子们的热情帮助和大力支持。广东中山大学古文献研究所研究员钟东先生，陈、吴两大流派太极拳名家单颖先生，吴式太极拳名家王乃祥先生在繁忙之中不辞辛苦为本书作序、写跋；我的弟子空军某部研究所蓝正文（蓝也）政委、江门五邑大学李日星教授、北京农学院王宗义教授等除了对书稿中部分文字校对、推敲、提炼外，李日星、蓝正文二位先生及我的女儿张小瑛、次子张卫公还从不同角度为《易筋洗髓返还功》在健身防身、启智开悟、文化价值的内涵外延等方面写了全面深刻的感言和论述。蓝正文先生还先后两次为本书拍摄动作照片，在解说词的录音、视频拍摄、合成制作等方面，王少冲老师和我的弟子唐竹、陈凉、何秋红等都付出了极大努力，给予热情无私的支持，特别是王少冲老师在录制和后期制作过程中曾经数十次修改而不辞辛苦。为了印证、宣传、推广《易筋洗髓返还功》，《武当》杂志社社长兼总编辑柯超先生、编辑部主任刘伟先生在本书出版前，特地协助在武当山开办了一期《易筋洗髓返还功》全国骨干培训班，取得了非常好的效果，在此一并表示感谢。

著者